Birgit Mayer

Mit Kindern rund um Stuttgart

Birgit Mayer

Mit Kindern rund um Stuttgart

Wandern, radeln, forschen und besichtigen

Fleischhauer & Spohn

Das Umschlagbild wurde auf der Solitude aufgenommen.

Bildnachweis: Thomas Bez (Umschlag), Schmied, Löwentormuseum Stuttgart (S. 13), Alexander Michael Heckel (S. 18), Familie Bernd Mezger (S. 39), H. Gabler, Vogelschutz-Informationszentrum Sindelfingen (S. 65), Weißhardt, GES (S. 85), Fremdenverkehrsamt Ludwigsburg (S. 89), Daimler-Benz-Automuseum, Stuttgart (S. 109). Alle übrigen Aufnahmen stammen von der Verfasserin.

Die Kartenskizze auf der Umschlagrückseite hat Hans J. Morgner, Bietigheim, angefertigt.

Gesamtherstellung: Druckerei Laub GmbH + Co, Elztal-Dallau
2. Auflage 1993 ISBN 3-87230-521-2

Liebe Leserinnen und Leser!

Da eine Großstadt wie Stuttgart, die baden-württembergische Landeshauptstadt in einer ganz besonders schönen und abwechslungsreichen Gegend, immer für alle Interessen- und Altersgruppen etwas zu bieten hat, fällt einem oft die Wahl schwer. Zumal nicht alles, was sich für den Erwachsenen anbietet, auch für Kinder sinnvoll ist.

Hier in diesem Büchlein aber geht es vor allem um unsere kleinen Freunde, um Nichten und Neffen, Enkel, Söhne und Töchter. Erfreulich an der Zusammenstellung der Attraktionen in und um Stuttgart ist auch, daß die Autorin für jeden Geschmack etwas anzubieten hat, und so dürfte weder im Winter noch zur warmen Jahreszeit Langeweile aufkommen.

In diesem Sinne wünsche ich viel Spaß und schöne Erlebnisse in Stuttgart.

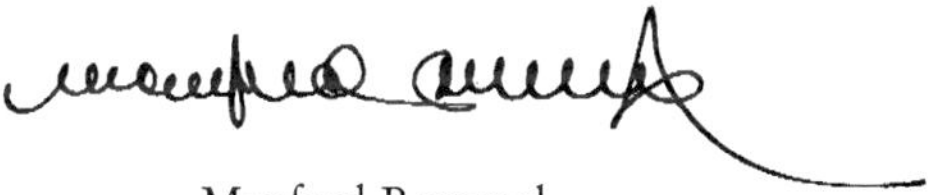

Manfred Rommel
Oberbürgermeister

Gewußt wohin, wozu . . .

Mal ehrlich, Wochenendausflüge sind selten länger geplant. Man wacht morgens auf, das Wetter ist schön, per Zufall ist man sogar relativ zeitig auf und stellt die Frage: wohin denn nun? Viel Zeit zum Überlegen läßt man sich nicht, schließlich geht die ja bereits vom Ausflug selbst ab. Und wenn guter Rat teuer, die Zeit knapp ist, greift man gerne auf Bewährtes zurück. Was schade ist, es gibt so vieles zu sehen, zu erleben, zu erwandern; in nächster Nähe, in allen Richtungen rund um Stuttgart. Wo? Hier Tips und Hinweise zu geben, war ein Grundgedanke des nun vorliegenden Bändchens „Mit Kindern rund um Stuttgart". In 25 Kapiteln werden, wie man in Schwaben gerne sagt „zig" Vorschläge gemacht, für fünfundzwanzig verschiedene Zielgebiete. Jedes einzelne wäre nicht nur einen Ausflug wert. Es gibt in der Nähe jedes Einzelnen andere lohnende Wanderungen oder Museen. Wichtig ist nur erst einmal der Anreiz, in eine bestimmte Richtung zu fahren, eine bestimmte Gegend kennenzulernen. Fünfundzwanzig Tips für Tagesausflüge gibt es deshalb. Randvoll gepackte Tagesausflüge, die so aber nicht ausgeführt werden sollen. Jede Familie hat andere Bedürfnisse, Interessen sowie Kinder in anderer Alterszusammensetzung, und nach diesen Voraussetzungen soll sie den Ausflug jeweils ändern können.

Seit dem Erscheinen von „Mit Kindern im Nordschwarzwald" haben viele Gespräche stattgefunden. Mit Kindern, mit Eltern, mit Großeltern, die mir ihre Erfahrungen, ihre Wünsche und Erwartungen mitgeteilt haben und somit wesentlich die Konzeption des neuen Kinderausflugsbuchs beeinflußt haben. Was ist nun neu? Neu ist, daß es Ausflüge für jede Jahreszeit, für Sonnen- wie Regentage enthält; daß vieles, fast alles, mit öffentlichen Verkehrsmitteln, hauptsächlich der S-Bahn, erreichbar ist. – Dabei ist es übrigens gut zu wissen, daß es für solche Gelegenheiten bei der VVS die günstige Familienkarte gibt: für 14,– DM können bis zu vier Erwachsene, wobei zwei Kinder (6 - 12 Jahre) als ein Erwachsener gelten, von Montag bis Freitag ab 9.00 Uhr, Samstag, Sonntag und Feiertag ohne zeitliche Beschränkung, beliebig viele Fahrten, also auch Fahrtunterbrechungen, im gesamten Netz einplanen. Eine zweite Familien-Tageskarte berechtigt darüber hinaus zur Mitnahme von Rädern. Sogar eine Broschüre „Radfahren mit der VVS“ gibt es, mit zehn Tourenvorschlägen zwischen zwanzig und vierzig Kilometer Länge, erhältlich an den Vorverkaufsstellen. - Das Hinkommen zumindest wird so preiswert. Weniger bekannt ist, daß es ganz erstaunlich viele Sachen zum Nulltarif gibt. Die ganzen Museums-Kinderführungen zum Beispiel, ebenso Kinder-Nachmittage und andere Veranstaltungen anlässlich Sonderausstellungen und ganz einfach der Schulferien, werden kostenlos angeboten. Wie spannend solche Museumsbesuche sein können, darüber mehr in Kapitel 1.

Herzlichen Dank übrigens an dieser Stelle an alle Museen, Gesprächspartner aus Museen und all den anderen Institutionen, die Gespräche und Fotos ermöglichten, sich gerne zu ausführlichen Informationen bereitfanden. Und ein herzliches Dankeschön natürlich auch an alle kleineren und größeren, bekannten und unbekannten „Fotomodelle“.

Neu sind auch, um an den fast verlorenen Faden wieder anzuknüpfen, genaue Angaben von Einkehrmöglichkeiten, samt Namen, Ruhetag und eventuellen Besonderheiten, wie Terrasse oder Spielgelegenheiten. Sie vorab zu kennen, scheint ein allgemeines Bedürfnis zu sein. Ebenfalls häufig gewünscht sind wirklich akkurate Routenbeschreibungen. Das liest sich zwar nicht ganz so flüssig, aber viele wandern doch ohne Karten, ohne Ortskenntnis, und bekanntlich gibt es nichts Schlimmeres, als im wörtlichen Sinn „im Wald zu stehen“. Mit diesem Wanderführer dürfte das eigentlich nicht passieren, aber Wege können sich ändern, eine einzige Sturmnacht viele unpassierbar machen. Für Hinweise auf solche Änderungen dankt die Verfasserin im voraus und wird sie bei einer Neuauflage des Buches einarbeiten. Dasselbe gilt für Preise und Öffnungszeiten. Erstere können sich ändern, doch haben Familien so zumindest einen Anhaltspunkt, was an Fixkosten bei jedem Ausflug zu rechnen ist. Auch Öffnungszeiten können sich ändern. Wer sichergehen will, fragt unter den jeweiligen Telefonnummern vorher an.

Nur eines noch. Alle Himmelsrichtungen in Stuttgart wurden bedacht, nicht alles Sehenswerte konnte aus Platzgründen bedacht werden. Der leichte Überhang an Zielgebieten im Süden ist gewollt, für den Norden folgt im kommenden Jahr „Mit Kindern im Unterland“. Vorerst einmal, für alle Vorausflüge dieses Jahres wünsche ich allen Familien traumhaft schönes Wetter, viel Spaß und gutes Gelingen!

Birgit Mayer

Kleine Leut' ganz groß ❶

Was sich Stuttgarts Museen für Kinder alles einfallen lassen

„Kinder und Museen" so sagen immer noch gar nicht wenige Erwachsene „ich weiß nicht, meine sind da noch zu klein . . . ", und ihre Gesichter lassen auf die eigenen Erfahrungen schließen. Zu ihrer Zeit mußte man im Museum möglichst leise sein, sah Unverständliches in Vitrinen, oft vielleicht auch gar nicht richtig, weil diese zu hoch für Kinderaugen angebracht waren. Erklärungen der Eltern kamen vage, geflüstert, unvollständig, weil sie selbst eben erst die knappen Beschreibungen gelesen hatten . . . Heute ist das ganz anders. In jedem der großen Museen in Stuttgart gibt es inzwischen regelmäßig – meist einmal pro Woche – Kinderführungen, die von Museumspädagogen gestaltet werden. Da werden auch einmal eigens die Alarmanlagen abgeschaltet, damit man ganz nahe herangehen kann. Da ist überhaupt das ganze Museum ganz anders aufgebaut. Statt Vitrinen sind die Objekte möglichst in ihrem natürlichen Umfeld gezeigt.

Kinderführungen sind immer auch Führungen im wörtlichen Sinn, schließlich werden aus Kindern einmal Erwachsene, und sie sollen lernen, sich Führungen anzuvertrauen, in Kirchen, Schlössern und auf Reisen. Deshalb ist es den Museumsführern auch wichtig, ihren kleinen Besuchern Gelegenheit zu geben, eigenes Wissen und Erfahrungen, vor allem aber Fragen, gleich spontan anzubringen. Und Kinder wissen und fragen stets eine Menge. Immer ist so eine Führung in verschiedene Phasen gegliedert. Da wird Information gegeben und gesammelt, da wird umhergegangen und – innerhalb der Museumsräume – etwas zum Thema Gehörendes gesucht und gefunden, werden Spiele gemacht, gebastelt und Geschichten erzählt. Eine solche Kinderführung dauert in der Regel eine Stunde, und eigentlich ist sie nur für Kinder gedacht, aber vielen Eltern machen sie so Spaß, daß sie selbst gerne daran teilnehmen. Soviel nur vorab. Was die vier großen Museen Stuttgarts – **Landesmuseum, Lindenmuseum, Löwentormuseum und Staatsgalerie** – im einzelnen bieten, soll nun noch im folgenden näher erläutert werden. Ihr Angebot wird schon erfreulich gut genutzt. Gerade deshalb ist es schade, wenn andere nichts davon wissen.

Württembergisches Landesmuseum

„Schauen, Erfahren, Selbermachen!“ So ist zum Beispiel ein Sommerferien-Programm für Kinder im Württembergischen Landesmuseum überschrieben. Ein Titel, der den Grundgedanken aller Aktivitäten im Alten Schloß wie in den anderen Museen treffend charakterisiert. Kinder schauen zusammen mit den Museumspädagogen Teile der Sammlungen an; erfahren, was es damit auf sich hat, und werden schließlich – und das ist das reizvolle gerade dieser Führungen – selber aktiv. Sie haben stets Gelegenheit, selbst kreativ etwas zu schaffen, meistens etwas zu basteln, und zwar etwas, das unmittelbar mit dem Thema der Führung zusammen-

Osterbastelei nach einer Kinderführung im Landesmuseum

hängt. Etwas, das man mit nach Hause nehmen, herzeigen und anderen neu selbst erklären kann. Steht die Kunstkammer auf dem Programm, die wegen ihrer Schätze, hauptsächlich und ganz wörtlich dem Kronschatz, bei Kindern besonders beliebt ist, dann darf man zum Beispiel das „Stuttgarter Kartenspiel" von 1428 nicht nur ansehen, sondern aus vorbereiteten Bögen ausschneiden, anmalen und in einer ebenfalls selbstgebastelten Schachtel mit nach Hause nehmen. Ein anderes Mal verläßt man das Museum mit einer Krone oder einem Helm auf dem Kopf. Auch jahreszeitlich angepaßt können solche Führungen sein. Vor Ostern zum Beispiel in der Osterführung wird die Passionsgeschichte erzählt und erklärt, weshalb Ostern mit Eiern gefeiert wird, ehe es ans Anmalen ausgeblasener Eier geht . . .

In den Sommerferien gibt es Ferienprogramme, die jeweils zwei bis zweieinhalb Stunden dauern, wo also mehr Zeit vorgesehen ist, um sich mit einzelnen Themen zu beschäftigten, etwa mit der Steinzeit oder einer „Reise in die Vergangenheit" – Anlässe genug, um zu basteln, sich zu verkleiden oder sich in alten Tänzen zu üben.

Darüber hinaus gibt es Veranstaltungen für die ganze Familie wie zum Beispiel Handwerkervorführungen, die Glasbläser, Klöppler oder Porzellanmaler bei ihrer Arbeit zeigen, oder Konzerte wie das Weihnachtsliederkonzert, wo mitgesungen wird. Oder das – kostenlose – Puppenspiel, das „Museumskasperle", das jeden letzten Sonntag im Monat (ca. 40 Minuten) vor allem die Kleinsten in Bann zieht.

Zu allen Veranstaltungen muß man sich nicht anmelden. Bei Kinderführungen können die Kinder von ihren Eltern begleitet werden. Andererseits sind die Kinder in dieser Zeit so gut betreut, daß Eltern die Zeit nutzen sollten, einmal selbst nur den eigenen Museumsinteressen nachzugehen.

Das Alte Schloß ist allein schon als Bauwerk interessant. Mitte des 10. Jahrhunderts zum Schutze des „Stutengartens" angelegt, war es durch mehrfache Umbauten zunächst zur Wasserburg mit Vorburg umgestaltet worden – als die es seit dem 14. Jahrhundert Grafen und Herzögen als Aufenthaltsort diente. Unter Herzog Christoph wurde es zum Schloß und erst mit dem Bau des Neuen Schlosses unter Herzog Karl Eugen verlor es seine Funktion als Residenz. Brand und Kriegsschäden setzten ihm zu. Nach seiner Restaurierung beherbergt es seit 1948 das Württembergische Landesmuseum mit seinen Sammlungen zur Archäologie, zum frühen Mittelalter mit seinen Beständen an Uhren, Musikinstrumenten und Kostümen; außerdem die herzogliche Kunstkammer, die Königsgruft und das Münzkabinett.

Lindenmuseum, Staatliches Museum für Volkskunde

Im Lindenmuseum ist es für Kinder nicht minder spannend. Es ist nach seinem Gründer, Graf Karl von Linden (1838 – 1910) benannt und seit dem Ausbau seiner Sammlungen vor und nach dem Zweiten Weltkrieg zu einem der wichtigsten völkerkundlichen Museen Mitteleuropas geworden. Es gliedert sich in folgende sechs regionale Abteilungen: Amerika, Südsee, Afrika, Orient, Ost- und Südasien. Die banale Aufzählung läßt nicht ahnen, wie interessant und spannend das Museum, selbst ohne Führung, ist, rein durch die hervorragende Art, wie es den Besucher mitten hinein in fremde Lebensräume stellt und fremde Kulturen – vergangene und bestehende – sinnlich erlebbar macht. Da ist eine Indianerbehausung aufgebaut, ein Pfahlbau aus der Südsee, eine orientalische Basarstraße. Alles voll eingerichtet, als wäre es soeben, nur einen Moment lang, verlassen worden.

Genauso lebendig und spontan sind in diesem Museum die Kinderführungen. Da sitzt man zunächst am Boden, schaut, wo es

Wo auf der Welt gibt es solche Häuser?

auf dem Erdkugel-Wasserball Häuser wie dasjenige gibt, in das man sich gleich darauf setzt. Hier nun überlegt man, was die Leute dort essen, wie sie aussehen, warum sie so bauen, welche Tiere es bei ihnen gibt. Oder man macht einen Abstecher in den Orient und besucht die Basarstraße. Vielleicht wird sogar einen Augenblick die Alarmanlage ausgeschaltet und man darf in einzelne Läden oder das Teehaus hineingehen . . . Kinderführungen sind auch hier Heranführungen an Themen und Kulturen. Das geht mit Geschichten einher, aber auch mit eigenem Tun.

Besonders schön sind die Kindernachmittage, die es sowohl anläßlich von Sonderausstellungen wie auch als Kinderferienprogramm in den Sommerferien gibt. Ca. drei Stunden dauert so ein Kindernachmittag, zu dem keine Anmeldung notwendig ist. Fürs Ferienprogramm gibt es je Nachmittag zwei parallel laufende Veranstaltungen, für Kinder von 6 bis 10 Jahren und Kinder zwischen 10 und 14 Jahren. Diese Altersgrenzen sollte man beachten. Auch sollten keine geschlossenen Gruppen erscheinen. Schulklassen können ja jederzeit kostenlos Führungen in Anspruch nehmen. Für Kindergeburtstage kann man eigens Kinderführungen bestellen, muß dann jedoch die entstehenden Kosten (DM 80,00) tragen. Kinderführungen finden regelmäßig mittwochs um 15.00 Uhr statt. Die Themen entnimmt man der Tageszeitung bzw. dem zweimonatlichen, im Foyer ausliegenden Veranstaltungsprogramm. Das Kinderferienprogramm aller Museen ist zudem im Kinderferienprogramm der Stadt „Hallo Kinder“ veröffentlicht.

Museum am Löwentor, Staatliches Museum für Naturkunde

Auch das Staatliche Museum für Naturkunde gehört zu den größten und bedeutendsten Museen dieser Art in Mitteleuropa; seine Bereiche umfassen die Botanik (Pflanzenkunde), Zoologie (Tierkunde), Geologie (Lehre vom Bau der Erde), Paläontologie (Lehre von den Lebewesen der Vorzeit) und Mineralogie (Lehre von den Mineralien). In den Sammlungen des Museums lagern weit mehr Objekte, als jemals ausgestellt werden können – obwohl im 1985 erbauten „Museum am Löwentor“ und im renovierten „Museum Schloß Rosenstein“ nicht gerade wenig Ausstellungsfläche vorhanden ist.

Schon bei dieser knappen Aufzählung kann man sich vorstellen, daß Kinder, die sich für alles, was krabbelt, kriecht, fliegt und wächst, interessieren, hier auf ihre Kosten kommen. Bei einer pädagogisch geschickt und phantasievoll geleiteten Führung, wie man sie hier erlebt, wird es für Kinder, aber auch für begleitende Erwachsene, unglaublich spannend. Vor allem dann, wenn man im Sommer hinaus in den Park geht, dort mit dem Fernglas unterwegs ist, sich mit dem Leben im Teich beschäftigt, die ersten Frühjahrsblumen oder Tierspuren sucht und bestimmt. Da wird praktische Anleitung zum aktiven Naturschutz gegeben unter dem Motto „Wir helfen Wildbienen". Und da werden im eigens vorhandenen Werkraum Pflanzen getrocknet, Nisthilfen gebaut oder gar eine Pflanze „erfunden".

Auch eine Führung, die drinnen stattfindet und bei der einmal nicht gebastelt wird, ist alles andere als langweilig, so wenn zum Beispiel überlegt wird, wie und warum Tiere sich verständigen. Dazu sieht man einen Film, hört Tierstimmen vom Band, macht einen Gang durchs Museum und beobachtet das Verhalten an zwei

Pflanzenkunde im Löwentormuseum

lebenden Tierarten, in diesem besonderen Fall den Rosenkäfern und den aus Australien stammenden, gut 12 cm langen „Gespenstschrecken".

Leider gibt es momentan die regelmäßigen Kinderführungen nicht mehr – Einzelveranstaltungen stehen aber noch im Programm. Außerdem werden Kinder, Kindergruppen (ab 9 Jahren), Schulklassen ebenso wie Erwachsene ab ca. 10 Teilnehmern noch immer kostenlos zu Themen nach Absprache geführt. Eine Gelegenheit, die man ebensowenig ungenutzt lassen sollte.

Staatsgalerie

Die Staatsgalerie verfügt mittlerweile über zwei Häuser: die alte Staatsgalerie, ein spätklassizistischer Bau (von Gottlob-Georg

Kinder und Erwachsene lernen gemeinsam Bilder verstehen

Barth) 1838 bis 1842 erstellt und die neue, 1979 bis 1983 nach Plänen von James Stirling errichtet. Die Gemäldesammlungen reichen vom 14. Jahrhundert bis in die neueste Zeit, wobei die deutsche Malerei des 19. und 20. Jahrhunderts besonders reich vertreten ist. Skulpturen, Druckgraphik und die Graphische Sammlung ergänzen den reichhaltigen Bestand.

Die Staatsgalerie unternimmt viel in Sachen Öffentlichkeitsarbeit. Schließlich möchte sie ihre Objekte nicht einfach zur Schau stellen, sondern auch ein genaueres Verständnis für sie wecken und ihre Einordnung in das Werk des Künstlers, in die Rahmenbedingungen ihrer Entstehungszeit und ihre kunstgeschichtliche Bedeutung begreifen helfen. Für Erwachsene gibt es regelmäßige Sonntags- und Dienstagsführungen, für Jugendliche (von 14 bis 20 Jahren) die Donnerstagsführungen und für Kinder (ab 6 Jahren) die Mittwochsführungen. Die Themen für Jugendliche (zum Beispiel zu Joseph Beuys, der monochromen Malerei oder der Plastik nach 1945) sind schon recht anspruchsvoll. Kinderführungen dagegen machen den kleinen Teilnehmern ungeheueren Spaß, weil es vordergründig um Einfaches geht: Menschenbilder, Menschen und Märchen, junge und alte Menschen, warme und kalte Farben – oder Raubtiere. Raubtiere? Was sind Raubtiere? Und schon sind welche entdeckt. Am Thron Salomonis zum Beispiel, einem „Tympanon"-Bild aus dem Speisesaal der Mönche aus Bebenhausen . . . – und auf diese Weise erfahren die Kinder ganz nebenbei und spielerisch, daß es eine Bildsymbolik gibt und lernen ein Bild betrachten und verstehen. Das macht Spaß und Lust zum Wiederkommen . . .

✻ Württembergisches Landesmuseum, Altes Schloß,
Schillerplatz 6, Stuttgart 1
Auskünfte: Telefon 07 11/2 79-34 00 (Referat für Öffentlichkeitsarbeit) oder 2 79-34 81 (Pforte)

▷ *Wie kommt man hin:*
Per S-Bahn: alle Linien (Stadtmitte)
Per Straßenbahn: Linie 5, 6, 15, Haltestelle Schloßplatz, (von den anderen Innenstadt-Haltestellen kurzer Fußweg)
Per Bus: Linien 42, 44, Haltestelle Altes Schloß
Per Auto: Parkmöglichkeit in der Tiefgarage Schillerplatz

△ *Geöffnet:*	Dienstag bis Sonntag	10.00 – 17.00 Uhr
	Mittwoch	10.00 – 19.00 Uhr
	Montag geschlossen	
∞ *Eintritt:*	frei	

Kinderführungen unregelmäßig sonntags um 14.00 Uhr,
Kasperletheater am letzten Sonntag des Monats um 11.00 Uhr
Kinderführungen sind an sich frei, meist wird um eine Materialspende von DM 2,00 bis DM 3,00 gebeten.
Das Museumskasperle ist kostenlos.

✻ Lindenmuseum, Staatliches Museum für Völkerkunde, Hegelplatz 1, Stuttgart 1
Auskünfte: Telefon 07 11/1 23-12 42 (Sekretariat; für allgemeine Auskünfte) und Telefon 1 23-12 43 (Anmeldung zu nicht-öffentlichen Führungen)

▷ *Wie kommt man hin:*
Per Bus: mit den Linien 40, 42, 43, Haltestelle Hegelplatz/Lindenmuseum
Per Auto: Parkmöglichkeit Tiefgarage am Katharinenhospital, abends Parkplätze Hoppenlaustraße
Geöffnet: Dienstag bis Sonntag 10.00 – 17.00 Uhr, Mittwoch 10.00 – 20.00 Uhr, Montag geschlossen
Eintritt: frei (kostenlos sind Kinder-, Schulklassen und Publikumsführungen, für andere angemeldete Gruppen betragen die Kosten DM 90,–.)

✻ Löwentormuseum und Schloß Rosenstein, Staatliche Museen für Naturkunde, Rosensteinstraße 1, Stuttgart 1
Auskünfte: Telefon 07 11/89 36-0

▷ *Wie kommt man hin:*
Per S-Bahn: Linien 4, 5, 6, Haltestelle Nordbahnhof
Per Straßenbahn: Linie 5, Haltestelle Nordbahnhof Linie 13, Haltestelle Löwentor
Per Auto: Parkplätze (nur beschränkt vorhanden)

Geöffnet:	Dienstag, Donnerstag und Freitag	9.00 – 17.00 Uhr
	Mittwoch	9.00 – 20.00 Uhr
	Samstag	9.00 – 18.00 Uhr
	Sonn- und Feiertag	10.00 – 18.00 Uhr

Eintritt: frei, alle Führungen (auch für eigens angemeldete Gruppen) sind kostenlos.
Auf Anmeldung gibt es kostenlose Kindernachmittage (ab 9 Jahren) für Gruppen.
Außerdem finden unregelmäßig Kindernachmittage statt (selbst anfragen)

✻ Staatsgalerie Stuttgart, Konrad-Adenauer-Straße 30 – 32, Stuttgart 1
Auskünfte: Telefon 07 11/2 12-50 50 oder -51 08

▷ *Wie kommt man hin:*
Per U-Bahn: Linie 1, 2, 4, 9, 14, Haltestelle Staatsgalerie
Per Bus: Linien 40, 42, 43, Haltestelle Staatsgalerie
Per Auto: Parkmöglichkeit Tiefgarage Neue Staatsgalerie, Landesbibliothek oder Schloßgarten

Geöffnet:	Dienstag und Donnerstag	10.00 – 20.00 Uhr
	an allen anderen Tagen	10.00 – 17.00 Uhr
	Montag geschlossen	
Eintritt:	frei, Kinderführungen jeweils 15.00 Uhr	

Der Eingang zur alten Staatsgalerie

Bekannt, beliebt – gerade deshalb der Rede wert

2

Wilhelma und Killesberg

Die **Wilhelma** ist nicht einfach ein Zoo, auch kein simpler zoologisch-botanischer Garten. Sie ist ein Stück Stuttgarter Tradition mit interessanter geschichtlicher Entwicklung und wissenschaftlicher Zielsetzung. Daß sie also auch Forschung und Wissenschaft dient und nicht nur – wie den meisten – zur Erholung und Unterhaltung, machen sich wenige klar. Tatsache aber ist, die Stuttgarter haben eine enge Beziehung zu ihrer Wilhelma. Mehr als 1 000 Tierarten, insgesamt rund 8 000 Tiere gibt es in Nachthäusern und Freigehegen zu sehen. Wer öfters kommt, wird schnell abseits des ansonsten empfehlenswerten Rundwegs Besuche bei seinen speziellen Lieblingen machen. Es gibt eigentlich kein Wetter für Wilhelmabesucher. Immer kommt man auf seine Kosten. Schön ist es

In der Wilhelma darf man auch mal streicheln

auch, stets von neuem, bei Fütterungen zuzusehen. Besonders Seelöwen und See-Elefanten zeigen dabei zirkusreife Leistungen. Auch das Jungtier-Aufzuchthaus ist ein Erlebnis, ganz besonders natürlich die Menschenaffen-Kinderstube. Berühmt ist daneben auch das Aquarium mit seiner reichhaltigen Sammlung unvorstellbar bunter Tropenfische.

Soviel nur zu den Tieren. Die Pflanzen sind nicht weniger schön anzusehen. Orchideen, Azaleen, Kamelien und Kakteen bevölkern die Gewächshäuser, die wie richtiger Urwald von den schrillen Vogelschreien der Volierenbewohner belebt werden. Tropische Seerosen und Lotosblüten sowie der größte Magnolienhain Europas verzaubern die von einem maurischen Wandelgang eingefaßte Freianlage.

Pflanzen gehörten von Anfang an zur Wilhelma. Noch ehe diese ihren Namen hatte, gab es bereits den Plan, die hier während der Bauarbeiten von Schloß und Park Rosenstein freigelegten Mineralquellen zu nutzen. König Wilhelm I. kam damals der Gedanke, sich hier eine zweite Sommerresidenz zu schaffen, im Prinzip nur für den eigenen Gebrauch, doch groß genug, um auch Hoffeste feiern zu können. Was gebaut werden sollte – ein Bad oder Lusthaus – oder nach welchen Plänen, das blieb lange in der Schwebe. Nur daß es eine „Maurische Anlage" werden sollte, hatte der König sich gewünscht. Nach und nach wurde diese immer weiter vergrößert und verändert. Die ursprünglich schon vorhandenen Gewächshäuser wurden bald um die Seerosenteiche und den Magnolienhain erweitert.

König Karl öffnete ab 1880 interessierten Besuchern die Tore zur Wilhelma. Sie brauchten aber immer jeweils einen Erlaubnisschein. Erst nach 1918 wurde die Anlage als botanischer Garten eingerichtet, und von da an wurde der Zutritt wirklich jedermann gestattet. Schon von Anfang an waren Vögel und Fische gehalten worden, aber so richtig kamen Tiere aber erst nach dem 2. Weltkrieg dazu. Ursprünglich waren sie nur als vorübergehende Attraktion zur Wiederbelebung des botanischen Gartens gedacht gewesen, durften dann aber wegen ihrer großen Beliebtheit bleiben, und so wandelte sich die Wilhelma allmählich zum heutigen zoologisch-botanischen Garten.

Wer den **Killesberg** kennt und an sonnigen Tagen den Park genießt, wird sich kaum Gedanken über dessen früheres Aussehen machen. Es fällt mittlerweile auch schwer, sich vorzustellen, daß das Killesberggelände aus einer Mondlandschaft von (Schilf-)Sandsteinbrüchen geschaffen wurde. Reste davon sind in den ca. 6 bis 8 m hohen Steilwänden aus braunrotem Sandstein im „Tal der

Rosen“ zu sehen. Anders als all die anderen Parks in und um Stuttgart hat er keine historische Vergangenheit, sondern wurde anläßlich der Reichsgartenschau 1937 bis 1939 als Messe- und Parkgelände aus einem Guß gestaltet. Spätere Gartenschauen (1950, 1961, 1977 und 1993) haben dazu beigetragen, das 50 Hektar große Gelände zu prägen, zu ändern und zu einem typischen „Gartenschaupark“ mit moderner, liebenswert abwechslungsreicher Gartenarchitektur zu machen.

Trotzdem ist es ein Park, den die Kinder besonders mögen, weil auch ihren Bedürfnissen Rechnung getragen wurde. Mit der Kleinbahn zum Beispiel, auf der die ganze Familie eine beschauliche Fahrt durch das gesamte Gelände, an vielen der beliebtesten Anziehungspunkte vorbei unternehmen kann. Tiere gibt es hier oben natürlich auch: die rosafarbenen grazilen Flamingos am Flamingosee und die immer gern besuchten Kleinpferde. Die „Tierwiese“ ist für die meisten wohl das Interessanteste. Sehen Stadtkinder hier doch einmal in Natur, wie die „(sieben) Geißlein“ aussehen.

Spielplatz, Milchbar und verschiedene weitere Einkehrmöglichkeiten sind selbstverständliche Einrichtungen, auf die nicht näher eingegangen zu werden braucht. Eine andere Möglichkeit, den Parkbesuch an einem sonnigen Sommertag schön abzuschließen, ist schon eher erwähnenswert. Mit einer preislich zu vernachlässigenden Zusatzkarte (die Badekarte muß jedoch extra bezahlt werden) kann man direkt vom Parkgelände aus in das benachbarte Höhenfreibad Killesberg überwechseln.

Von Mai bis Oktober muß man für den Eintritt in den Park bezahlen, die übrige Zeit ist er frei zugänglich. Zum Killesberg gehört seit 1950 das Messegelände. National oder international, jahrein, jahraus löst eine Messe oder Ausstellung die andere ab. Meist gibt es dann Sondereinsätze für öffentliche Verkehrsmittel, doch auch für Parkbesucher empfiehlt es sich immer, den Killesberg mit den fahrplanmäßigen Buslinien anzusteuern.

* **Wilhelma**, Zoologisch-botanischer Garten, Neckartalstraße, Stuttgart-Bad Cannstatt
Auskünfte: 07 11/5 40 20

▷ *Wie kommt man hin:*
Mit dem Auto: Anfahrt über B 10 bzw. B 14,
Parkplätze im Parkhaus: 2 Stunden DM 4,00; ganzer Tag DM 8,00
Mit der S-Bahn: bis Bahnhof Bad Cannstatt oder Nordbahnhof; Stadtbahnlinie 14, Straßenbahnlinie 13, Buslinie 52, 55 und 56.

Geöffnet:	ganzjährig/täglich, die Zeiten gelten der Hauptkasse, die Tierhäuser sind eine Stunde länger offen.
	Mai bis August 8.00 – 18.00 Uhr
	April und September 8.00 – 17.30 Uhr
	März und Oktober 8.00 – 17.00 Uhr
	November bis Februar 8.00 – 16.00 Uhr
Eintritt:	(Auszug) Kinder/Ermäßigte DM 4,50, Erwachsene DM 9,00

✻ **Killesberg**, Park und Messegelände, Am Kochenhof 16, Stuttgart

Auskünfte: Telefon 07 11/25 89-0 oder 25 89-3 67 (Hauptpforte Park)

▷ *Wie kommt man hin:*
Per Bus: vom Hauptbahnhof Linie 43, Haupteingang Kochenhof
Per Stadtbahn: Messelinie U 7

Park geöffnet: ganzjährig, täglich
im Sommerhalbjahr (Mai – Oktober) eintrittspflichtig

Eintritt Park: Kinder unter 6 Jahren freier Eintritt,
Kinder/Ermäßigte DM 0,80,
Erwachsene DM 1,50
Durchgangskarten zum Höhenfreibad Killesberg in Verbindung mit einer Badekarte:
Kinder/Ermäßigte DM 0,10,
Erwachsene DM 0,20

✻ Höhenfreibad Killesberg

Auskünfte:	Telefon 07 11/25 17 37	
Geöffnet:	1. Mai bis 16. September;	
	Juni und Juli	7.00 – 20.30 Uhr
	August und September	7.00 – 19.30 Uhr
Eintritt:	(Einzelkarte)	
	Schüler: DM 2,50; Erwachsene: DM 3,50	

✻ Kleinbahn (verkehrt nur im Sommerhalbjahr)
Fahrpreise: Kinder ab 4 Jahren DM 2,00, Erwachsene DM 4,00
Gruppen: DM 3,00

Per Schiff zum Max-Eyth-See und zur Burgruine Hofen 3

Per Schiff zum Max-Eyth-See? Geht denn das? Kaum zu glauben, aber es geht. Die "*Weiße Flotte*" macht sogar auf ihrem regulären Kurs möglich, was sicher einer der schönsten innerstädtischen Ferientage werden wird. Zumal es noch anderes Spannendes gibt: die Burgruine Hofen natürlich und der Max-Eyth-See selbst mit all seinen vielfältigen Freizeitmöglichkeiten.

Die sogenannte "*Weiße Flotte*", die weißen Ausflugsschiffe auf dem Neckar, machen nicht nur Ausflugs- und Rundfahrten, sondern verkehren nach Fahrplan von Ende März bis Ende Oktober zwischen Bad Cannstatt und Lauffen auf dem Neckar.

Der heutige Ausflug führt per Schiff nur zwei Stationen weit, bis Mühlhausen. Und wer Spaß an diesem gemütlichen, besonderen Verkehrsmittel findet, kann an anderen Tagen weitere, längere Fahrten unternehmen. Dann jedoch sollte man nicht die ganze Fahrt zu Anfang bezahlen. Schleusen erfordern viel Zeit und Geduld, die jüngere Kinder dann bei aller Begeisterung vielleicht doch nicht so ganz haben. Und wer früher aussteigt, bekommt kein Geld zurück.

Die kurze Fahrt von der *Anlegestelle Bad Cannstatt* aus (gegenüber dem Haupteingang zur Wilhelma) schaffen jedoch alle. Flußaufwärts geht es dann am Kraftwerk Münster vorbei, unterhalb der alten Cannstatter Weinberge, die, weil sie unbereinigt sind, mit ihren Mäuerchen und kleinen Gerätehäuschen besonders hübsch anzusehen sind. Am Ruderclub vorbei, läßt sich nach einer Rechtsbiegung schon ein Blick auf das spätere Ziel, den Max-Eyth-See, erhaschen. Links oben am Hang der Stadtteil Freiberg mit seinen quer zum Hang gestellten Hochhäusern, dahinter Mönchfeld. Nun jedoch steht gleich etwas besonderes bevor, die *Schleuse Hofen* muß durchquert werden. Im Zuge des Neckarausbaus 1935 war die Staustufe Hofen angelegt, der ehemalige Baggersee Hofen zum Naherholungsziel umgewandelt worden.

Die Schiffahrt endet für Seebesucher an der *Anlegestelle Mühlhausen* beim Porschewerk. Ein Stück am Neckar entlang führt ein Feldweg zurück nach Hofen. Hofen wurde im 12. Jahrhundert von Cannstatt her gegründet. Aus dieser Zeit stammt auch die **Burg Hofen**. Im Dreißigjährigen Krieg brannten Schweden die Burg nieder, die seitdem Ruine ist. Herzog Karl Eugen kaufte

1753 Burg und Ort Hofen für ganze 28 000 Gulden, ließ 30 Jahre später den Bergfried abbrechen und aus seinen Steinen die barocke Kirche St. Barbara bauen. Unter den vielen, heute größtenteils völlig zerstörten und nur andeutungsweise erhaltenen Burgen im Stadtgebiet ist sie dennoch die am besten erhaltene. Mit ihrer 20 m hohen Schildmauer, mehreren bis 15 m hohen und 3,20 m breiten Gebäudemauern ist sie zugleich auch heute noch imposant anzusehen. Zugänglich ist sie leider nicht, da sie sich in Privatbesitz befindet.

St. Barbara, unmittelbar daneben, war lange Zeit, bis zu Beginn des 19. Jahrhunderts, die einzige katholische Kirche für das gesamte Stuttgarter Gebiet. Ihr Standort selbst war ebenfalls eine Enklave und Hofen bis 1803 der einzige katholische Ort in Württemberg.

Erreicht werden beide über den gegenüber der Haltestelle Hofen (Linie 14) abzweigenden ”*Reingärtlesweg*” (an dem ein sehr großer öffentlicher Spielplatz liegt) und die nach links weiterführende *Scillawaldstraße* durch das unerwartet idyllisch verwinkelte, alte Hofen.

An der selben Haltestelle, neckarwärts, beginnt bereits das **Wassersport- und Erholungsgebiet Max-Eyth-See**. Benannt wurde es nach dem Ingenieur und Schriftsteller Max Eyth, dessen Ruhm sich vor allem auf den zusammen mit John Fowler konstruierten, in fast allen Erdteilen eingeführten Dampfpflug gründet. Der See selbst ist mit 17,3 Hektar der größte der doch recht zahlreichen Stuttgarter Seen. Besonders schön anzusehen sind im Sommer die Segelboote von den Mitgliedern des Stuttgarter Segelclubs. Ganz ohne Wasserkontakt müssen jedoch unorganisierte Besucher ebenfalls nicht bleiben. Für sie stehen Tret-, Ruder- und Elektroboote zur Verfügung. Und auch sonst hat der See einiges zu bieten: allem voraus hübsche Blicke entlang der Uferpromenade auf andere Teile des Sees sowie Schwäne, Enten und andere Wasservögel – fast in zu großer Zahl.

In der Mitte des Nordost-Ufers gibt es drei hübsch angelegte *Grillstellen. Möglichkeiten zum Spielen, Lagern und Picknicken* gibt es auf den hügelig angelegten Wiesen am westlichen und südlichen Seeufer. Wer nicht Selbstmitgebrachtes verzehren will, erhält am Kiosk kleine Speisen und Getränke (dort befinden sich auch Toiletten). Auch *Einkehren* kann man in der öffentlichen Gaststätte des DLRG-Vereinsheims (Montag und Dienstag Ruhetag) und im Restaurant/Café „Haus am See“ (Montag Ruhetag).

Wer müde ist, kann von einer der beiden Haltestellen Seeblickweg oder Max-Eyth-See nun direkt mit der Straßenbahnlinie 14 nach Hause fahren. Wer noch etwas laufen will, hat die Möglichkeit, am Neckarufer entlang bis Bad Cannstatt zurückzugehen, sogar durch den Rosensteinpark und die unteren und mittleren Anlagen bis ganz hinein nach Stuttgart. Ein Hinweis zum Schluß: Es ist nicht ratsam, diesen See an einem schönen Tag im Sommer mit dem Auto aufzusuchen. Zwar gibt es Parkplätze entlang der Straße, lange aber nicht genug. Und unattraktive, weite Wege zum See oder Strafzettel sind keine guten Alternativen.

▷ *Wie kommt man hin?*
„Weiße Flotte" (Neckarschiffahrt, Tel.: 07 11/54 10 73) über Anlegestelle Bad Cannstatt bis Anlegestelle Mühlhausen nach Fahrplan und saisonaler Frequenz.
Preise (für diese Strecke): Erwachsene einfache Fahrt: DM 8,20
Hin- und Rückfahrt: DM 11,40
Kinder (4 – 11 Jahre) halbe Preise
Straßenbahnlinie 14 (3 Haltestellen Max-Eyth-See, Seeblickweg oder Hofen).

○ *Länge des Spaziergangs:*
zur Ruine Hofen und zum See und am See den Rundweg: ca. 4 km

✻ Bootsverleih:
Auskünfte: Tel. 07 11/53 72 00 oder 53 47 38 (Familie H. Bauer)
Geöffnet: März – September; täglich ab 10.00 Uhr bis Einbruch der Dunkelheit
Kosten: (je nach Boot) DM 6,00 – DM 25,00 pro Stunde

▭ *Kartenempfehlung:*
L 7120 Stuttgart Nord 1 : 50 000

Eine spannende Sache ❹

Kindergeburtstag am Flughafen Stuttgart

Topfschlagen? Schnitzeljagd? Minigolf? Alles alte Hüte, mit denen man längst keinen Zehnjährigen mehr begeistern kann, der mit seinen Freunden und Freundinnen einen „echt starken" Geburtstag feiern will. Wie spannend wäre es dagegen, den Flughafenbetrieb einmal „hautnah" zu erleben: Am Rollfeld stehen und beim Dröhnen anlaufender Flugzeugdüsen kaum das eigene Wort verstehen, das Feuerwehrauto bestaunen und kaum über die Räder hinausreichen, überhaupt die ganzen unglaublich PS-starken Betriebsfahrzeuge aus der Nähe sehen; an einem richtigen Polizeihubschrauber die Nase plattdrücken; und und und . . . So eine Flughafenführung ist eine spannende Sache.

Neugierig geworden? Es ist gar nicht so schwer, so etwas zu erleben. Am Anfang steht die *rechtzeitige Anmeldung*, vor allem dann, wenn es ein ganz bestimmter Termin sein soll. Angemeldet werden können Gruppen von 6 bis 30 Teilnehmern (nicht unter 10 Jahren), die möglichst ungefähr gleich in Alter und Erwartungen hinsichtlich der zu erhaltenden Informationen sind, also auch Schulkinder (Klassen), Cliquen, Kindergeburtstage und was immer es für Gruppierungen geben mag.

Am Tage „X" treffen sich alle Beteiligten, und nach einer ersten kurzen Einführung mit einem kleinen Film über die Vorarbeiten zum Start eines Flugzeugs beginnt die Führung. Herr Berkemer vom Besucherdienst trägt sichtbar seinen Dienstausweis, und weil er weiß, wie man die kleinen Gäste zu nehmen hat, erhält jedes Kind als provisorischen Ausweis einen Aufkleber. Außerdem gilt für Besucher dasselbe wie für Flugzeuge: Sie wissen nicht, wo's lang geht, müssen dem „Follow me", dem „Einweiser" folgen. Erste Station ist *„Check in"*, die geheimnisvolle Spalte, in der der Urlaubskoffer verschwindet und wie von Zauberhand gelenkt, im richtigen Flugzeug auftaucht. Vorbei an der *Anzeigetafel („Timetable")*, wo alle Flugzeiten festgehalten sind, geht's zur *Sicherheitskontrolle*. Zum ersten Mal wird's spannend. Piepst das Metallsuchgerät? Muß man seine Taschen ausleeren? Doch schon ist man in der Wartehalle, die man gleich wieder verläßt, um das *Rollfeld* zu betreten. Das Dröhnen der Motoren ist schon eindrucksvoll, wenn man da draußen steht. Überall wird gearbeitet. Maschinen starten und landen. Tankwagen fahren, Passagiertreppen werden heran- oder weggerollt, Gepäckwagen be- oder entladen.

So sieht es also im Hubschrauber aus ...

Schon steht Neues an. Die *Flughafenfeuerwehr* öffnet eigens die großen Schiebetore, um die großen PS-starken Fahrzeuge bestaunen zu lassen. 12 Fahrzeuge und 6 Anhänger umfassen sie. Sie sind ständig vorgewärmt, um jederzeit für einen Blitzstart bereit zu sein. Denn nur zwei Minuten dürfen laut internationalen Bestimmungen vergehen, bis sie ihren Einsatzort an jeder Stelle des Flughafengeländes erreicht haben sollen.

Doch schon heißt es wieder „Follow me“: 16 Spezialfahrzeuge stehen gegen Schnee und Eis bereit, um auch im Winter sichere, gefahrlose Starts und Landungen zu gewährleisten. Die größte Schneefräse Deutschlands ist übrigens eines dieser Fahrzeuge!

Schon kommt ein Bus, holt die Gruppe ab, um sie noch näher an alles, was fliegt, heranzubringen. Verschiedene Flugzeuge, die, wie es der Zufall so will, gerade (noch) hierstehen, werden – so nah es geht – umrundet: eine Boeing, die gerade beladen und vollgetankt wird; der – momentan – weitestgeflogene Gast, eine Maschine aus Kamerun/Afrika, und eine mehr als 50 Jahre alte Propellermaschine, die noch im Nahbereich mitfliegt. 50 Jahre, so alt ist auch der Flughafen Stuttgart. Wer wußte übrigens, daß die allerersten Flugzeuge 1919 auf dem Cannstatter Wasen, dort wo heute das Volksfest ist, starteten? Ab 1925 wurde dieser erste Flugplatz im „Ländle“ nach Böblingen (auf die Hulb) verlegt, und erst seit 1935 gibt es ihn in Echterdingen.

Ganz nah fährt der Bus an die Rollbahn, wartet, bis ein Start oder eine Landung gut zu beobachten ist, ehe er abdreht, an den „Kleinen“ vorbei zum Hangar, der Garage für Hubschrauber und weitere Betriebsfahrzeuge.

Polizeihubschrauber und auch Private, sowie eine Fallschirmspringermaschine gibt es aus allernächster Nähe zu sehen. Staunen erregt auch ein Container-Zubringerfahrzeug der schwersten Sorte. Pferde und Elefanten in ihren Transportkisten kann es mit Leichtigkeit transportieren. Auch die Passagiertreppen, die ja auf Fahrzeuge montiert sind, warten hier auf ihren Einsatz.

Alles muß sehr schnell gehen. Bis zu DM 15 000,00 kostet eine Landung. Geld wird nur in der Luft, mit der Beförderung von Passagieren und Gepäck, verdient. Deshalb stehen die meisten Flugzeuge nur 30 bis 40 Minuten auf dem Rollfeld. Und in dieser knappen Zeit müssen all die Arbeiten getan werden, die im Einführungsfilm gezeigt wurden und die man zum Teil hier vor Ort beobachten kann.

Fragen über Fragen tauchen auf, die der Führer, selbst auch Pilot, sachkundig und geduldig klärt. Langsam nähert sich der Rundgang seinem Ende. Mehr als zwei Stunden sind wie im Flug vergangen. Als Überraschung erhält jeder noch etwas mit auf den Heimweg: ein Puzzle mit dem Bild des neuen Abfertigungsgebäudes, eine ganze Tasche voll Informationen, Aufkleber und eine Postkarte. Übrigens: in den großen Ferien sind sonntags und mittwochs Jedermannsführungen, zu denen man sich jedoch telefonisch anmelden muß. Sie sind aber für Kinder lange nicht so spannend, weil stets ein Kompromiß zwischen ihren Interessen und denen der Erwachsenen gefunden werden muß.

▷ *Wie kommt man hin?*
Mit dem PKW und mit dem A-Bus oder mit den S-Bahnen der Linien 2 und 3.

✻ *Führung durch den Flughafen Stuttgart*
Führungen für Einzelpersonen und Gruppen nur nach telefonischer Voranmeldung (Montag bis Freitag 10.00–12.00 Uhr). Jedermannsführungen nur in den großen Ferien Sonntag und Mittwoch vormittags nach tel. Voranmeldung. Schülerführungen (10 Personen) Montag bis Freitag vormittags. Kindergeburtstage (3 Gruppen möglich am 1. Mittwoch nachmittag in jedem Monat) – lang im Voraus anmelden!
Für angemeldete Gruppen:
Montag bis Donnerstag ab 9.00 Uhr morgens möglich, jedoch nicht später als 14.00 Uhr.
Dauer der Führung: ca. 2 Stunden (je nach Interesse der Teilnehmer und ihren mehr oder weniger zahlreichen Fragen).
Auskünfte und Anmeldung: Telefon 07 11/9 48-23 26
Eintritt und Führung sind (auch für angemeldete Gruppen) frei.
Geheimtip: Morgens sind mehr Flugbewegungen als nachmittags, also entsprechend mehr Betrieb auf dem Rollfeld.

Ein Sommer-Sonntagnachmittag am Frauenkopf 5

Manche Stuttgarter nennen das Gebiet pauschal „Frauenkopf", nach seiner höchsten Erhebung, dem 462 m hohen Frauenkopf mit dem Funkturm. Andere sprechen von der „Waldebene Ost", weil unter diesem Begriff die Sportplätze zusammengefaßt sind. Wieder andere bezeichnen es als „Wangener Höhe", nach dem Richtung Neckar im Tal liegenden Stadtteil Wangen. Alle zusammen meinen dasselbe Waldnaherholungsgebiet unterhalb des Fernsehturms, das man über die *Straßenbahnlinie 15, Haltestelle Geroksruhe*, erreicht. Einen Ausflug hierher macht man am besten an einem schönen Sommer-Sonntagnachmittag, wenn man vor allem irgendwo draußen sitzen will.

Nahezu alle Sportvereine hier oben haben für jedermann zugängliche Gaststätten mit Terrassen, auf denen man hübsch sitzen kann, während Kinder teils auf angrenzendem Gelände, teils auf eigenen Spielplätzen (wie z. B. an der „Waldschenke", Ruhetag Dienstag) spielen können. Ideale Spielmöglichkeiten bieten immer Waldheime. So auch hier das „Evangelische Waldheim Frauenkopf" (Freitag Ruhetag), das über einen wunderschönen Spielplatz mit verschiedenen Geräten aus Holz und einem Sandplatz für die Kleinsten verfügt.

Auch die gewerblichen Gartenlokale, die am Rand der Höhe liegen und einen schönen Blick ins Neckartal und die umliegenden Höhen bieten, sollten nicht vergessen werden: die „Friedrichsruh" und der „Neckarblick" (beide Montag Ruhetag). Vielleicht sucht man eines der beiden oder den inmitten von Gärten gelegenen „Onkel Otto" (kein Ruhetag) im Anschluß an den im folgenden beschriebenen Spaziergang auf.

Ausgangspunkt ist der Wanderparkplatz *„Wattenhau"*, der rechts des Fahrsträßchens, etwa auf halber Strecke zwischen Haltestelle Geroksruhe und der Waldebene Ost liegt. Hier besonders zu empfehlen ist der für Kinderwagen geeignete, breite geschotterte *Rundweg mit dem Schmetterling*, der gleich nach der Schranke links beginnt. Etwa auf der Hälfte der Strecke liegen Dürrbach-Brunnen und -Weiher; eine *Feuerstelle* in einer Art Blockhaus lädt zur Rast und zum Grillen ein. Etwa 50 m weiter, schon auf dem Rückweg, gibt es eine herrliche, fast ebene *Waldwiese* für Ballspiele oder zum Lagern.

Der Weg als solcher ist relativ schlecht bezeichnet. Wer auf dem geschotterten Weg bleibt, kann nichts falsch machen und kommt in weitem Bogen bald zum Ausgangspunkt zurück.

▷ *Wie kommt man hin?*
Mit dem PKW aus Stuttgart heraus über Gänsheide, Frauenkopf und an der Merzschule links; mit der Straßenbahn Linie 15, Haltestelle Geroksruhe.

○ *Länge des Spaziergangs:* 2,5 km (Ausgangspunkt Wanderparkplatz Wattenhau).

▭ *Wanderkarten* sind für diesen Ausflug nicht notwendig.

Doch auch im Frühjahr, wenn die Bäume blühen, ist es hier schön

Mit der „Zacke“ zur Waldau 6

Die Waldau ist (nach dem Cannstatter Wasen) das zweitgrößte Sportzentrum Stuttgarts. Mit den Plätzen und Anlagen vieler Vereine, aber auch mit Einrichtungen und Freizeitmöglichkeiten, die Nichtmitgliedern offenstehen.

Was man alles machen kann, dazu gleich noch mehr. Wichtig ist zunächst, wie man am besten hin kommt.

Dafür bietet sich eine Fahrt mit der **"Zacke"** an, die für sich allein schon ein Erlebnis ist. Die Zahnradbahn, kurz „Zacke“ genannt, wurde 1884 gebaut, um Degerloch an die Stadtmitte Stuttgarts anzubinden. Am Marienplatz, der Talstation, ist noch relativ viel von der ursprünglichen Bebauung von vor hundert Jahren zu sehen und auch eine Ahnung davon zu spüren, wie sie einmal ausgesehen haben muß: die Stadt zwischen Wald und Reben.

Die Bergstation ist Degerloch. Preisfrage: Wieso liegt Degerloch oben auf dem Berg, der Stadtteil Berg jedoch im Tal? Des Rätsels Lösung: Degerloch leitet seinen Namen von Teger, das heißt mächtig, stark, und von Loch, einem alten Wald ab, bedeutet also mächtiger, großer Wald. Berg dagegen rührt von der Burg her, die vor langer Zeit einmal dort unten stand.

Von Degerloch zur **Waldau** ist es nicht weit, das kann man ohne weiteres zu Fuß gehen. Unterwegs ist Gelegenheit zu überlegen, was man machen will: Man kann zum Beispiel Schlittschuhläufern an der *Kunsteisbahn* zusehen oder sogar selbst laufen. Schlittschuhe können auch ausgeliehen werden.

Man kann aber auch einmal wieder auf den **Fernsehturm** hinauf. 217 m mißt er mit Mast. In 150 m Höhe befindet sich die Aussichtsplattform, zu der man in nur 50 Sekunden im Fahrstuhl emporsaust. Oben bietet sich, wenn das Wetter mitmacht, ein weiter Blick ringsum. Vielleicht kann man von dort oben die in Stuttgart und Umgebung bereits besuchten Ausflugsziele suchen oder macht bereits neue Pläne für die nächsten Ferientage.

Aber das ist noch lange nicht alles. Neben Waldlehr- und Waldsportpfaden, Spielhütten und Grillplätzen gibt es beim *"Königssträßle"* (auf dem man bis zum Schloß in Hohenheim gehen kann) für Familien mit Kindern, aber auch für Schulklassen etwas Interessantes: das **"Haus des Waldes"**, mit Waldausstellung, Werkstatt, Fachbücherei und einem Walderlebnispfad. Es soll dazu beitragen, den Wald als Lebensraum zu sehen und spielerisch etwas dabei zu lernen. Schulklassen können sich mit und ohne

Vom Fernsehturm aus hat man eine herrliche Aussicht

Lehrer (als Betreuer stehen Lehrer und Förster zur Verfügung) für Projekte oder Ausflüge anmelden. Aber auch der einzelnen Familie steht der Ausstellungsraum offen, mit anschaulichen Beispielen aus dem Lebensraum Wald. Unter anderem gibt es Kästen, in denen man – blind – Verschiedenes ertastet, einen Querschnitt durch Waldboden und Dachsbau, ausgestopfte Waldtiere und mehr. In Verbindung mit einem Spaziergang auf dem hier gleich anschließenden Waldlehrpfad ist das eine runde Sache.

Wer mit öffentlichen Verkehrsmitteln hier oben ist, vielleicht sogar, wie empfohlen, mit der „Zacke“, beginnt seinen Tag auf der Waldau am besten hier, geht dann weiter am Sportplatz und der Kunsteisbahn entlang zum Fernsehturm, von wo aus ab Haltestelle Ruhebank mit der Straßenbahnlinie 15 rasch wieder die Innenstadt erreicht ist.

Verhungern braucht hier oben niemand. Es gibt einen Kiosk an der Einfahrt „Königsträßle“ und in nahezu allen Vereinen Gaststätten, die jedermann zugänglich sind.

▷ *Wie kommt man hin?*
Ausgangspunkt „Zacke“:
Mit der Linie 1 und 14 bis Marienplatz, „Zacke“ bis Degerloch.
Straßenbahn Line 15, Haltestelle Ruhebank.
Parkplätze am Fernsehturm bzw. Königsträßle.

❋ Kunsteisbahn Waldau
Auskünfte: Telefon 07 11/76 45 91

Geöffnet: Ende September bis Mitte April
täglich 9.30 – 22.00 Uhr

Eintritt: Zuschauer DM 2,50
Kinder, Schüler DM 4,00
Erwachsene DM 7,00
Von Mitte April bis Ende September wird die Bahn als Rollschuhbahn genutzt.

❋ Fernsehturm
Geöffnet: täglich 8.00 Uhr bis 22.30 Uhr (letzte Auffahrt)
Eintritt: Kinder/Ermäßigte DM 3,00
Erwachsene DM 5,00

❋ Haus des Waldes (Königssträßle 74)
Auskunft: 07 11/7 65 66 84

Geöffnet: Montag bis Donnerstag 9.00 Uhr – 16.00 Uhr
Freitag 9.00 – 13.00 Uhr
Schulklassen und andere Gruppen bitte frühzeitig anmelden. Begleitbroschüre zum Erlebnispfad frei erhältlich.
Eintritt: frei

▭ *Wanderkarten* sind für diesen Ausflug nicht notwendig.

Wo Karlemann und Fränzle sich vergnügten 7

Hohenheim – Programm genug für einen vollen Tag

Vielen fällt zum Stichwort Hohenheim das Schloß ein, heute Sitz der *Universität* mit zwei naturwissenschaftlichen und zwei agrarwissenschaftlichen Fakultäten sowie einer wirtschafts- und sozialwissenschaftlichen Fakultät. Weniger schon kennt man den *Exotischen Garten* und seine Hintergründe. Daß man in Hohenheim einen ganzen herrlichen Tag verbringen kann, zeigt dieses Kapitel. *Drei Museen*, jedes einzigartig, kann man besuchen. *Zwei Parks* gibt es, einer davon ist auch für Kinder sehr interessant.

Zwischen diesen Parkanlagen, unmittelbar unterhalb des Schlosses, bietet ein großzügiger *Spielplatz* Gelegenheit zum Toben. Eine kleine, lohnende Wanderung führt in einen hübschen, vielen nicht so bekannten *Teil des Körschtales*, zu einer Gartenwirtschaft, auch als „Zillertal“ bekannt. Und wer von all dem noch nicht ausgelastet sein sollte, kann es mit Zielpunkten aus dem folgenden Kapitel verknüpfen.

Wer „Karlemann“ und wer das „Fränzle“ ist? So nannten sich zwei bedeutende Gestalten der württembergischen Geschichte liebevoll schwäbisch untereinander: der Herzog Karl Eugen und seine spätere Gemahlin Franziska von Leutrum, Reichsgräfin von Hohenheim. Und damit ist man schon mitten in der **Geschichte Hohenheims**. Es ist die weitläufigste der von Herzog Karl Eugen gegründeten oder erneuerten Schloßanlagen in und um Stuttgart. Nachdem ihm die Solitude zu perfekt, zu groß und zu laut geworden war, hatte er das Gut Hohenheim samt Wasserschlößchen gekauft und vergleichsweise nur unwesentlich verändert und erweitert. Ihn beschäftigte das „**Dörfle**“, ein sogenannter Lustgarten, letztlich aber ein überdimensionaler Spielplatz des Herzogs. Von den eigentlichen Zielen des englischen Gartenbaustils, der die Natur nicht mehr zurechtstutzen, sondern in schönen (geschönten) Gruppen zur Schau stellen wollte, blieb wenig übrig. Was entstand, war ein bauliches Sammelsurium verschiedenster Art und Herkunft: künstlich herbeigeschaffte Tempelreste, eine Köhlerei, ein Schweizer Haus, eine gotische Kirche, Brückchen und vieles mehr, das zu nichts anderem diente als dem Vergnügen des Hofes bei Festen und Spaziergängen. Es ist interessant, sich hierzu ein Modell anzusehen bzw. die Wandgemälde im Spielhaus. Übrig

Schloß Hohenheim

ist davon nicht viel geblieben: die Tempelreste und das „Wirtshaus zur Stadt Rom" (heute Hörsaal).

Als sich 1782 das nah verwandte russische Thronfolgerpaar zu einem Besuch ankündigte, verlor der Garten an Bedeutung. In aller Eile, weil man sich nun des plötzlich ärmlich erscheinenden Schlößchens schämte, wurde es abgerissen und in den Ausmaßen der Sommerresidenz des Zaren bei Petersburg geplant. Seine Fertigstellung erlebte der Herzog jedoch nicht mehr.

Im Mittelbau des Schlosses findet sich **das Zoologische und Tiermedizinische Museum**. Keine Angst, der Name klingt etwas steif, Achtung und Abstand gebietend, doch das täuscht. Zu sehen kriegt man ausgesprochen Interessantes: einen Querschnitt durch das Tierreich, die Abstammung des Menschen und vieles andere mehr. Das interessanteste aber ist die *"Holzbibliothek"* eines Mönches aus dem Mittelalter. Er sammelte in buchähnlichen Schachteln Holzproben, Blätter und Früchte verschiedener Baumarten. Wäre das nicht eine gute Anregung? Die Wanderungen eines ganzen Jahres könnte man zum Sammeln benutzen und hätte am Ende beim Sortieren nicht nur etwas gelernt, sondern auch eine ganze Kiste voller Erinnerungen vor sich stehen.

Der Vorderfront schließt sich der eigentliche *Schloßpark* an. Ihm folgen hangabwärts Weinberg und Schafweide. Unten im Tal liegt der **Botanische Garten**, in dem sich natürliche und menschenbedingte Vegetationsentwicklung während der letzten 12 000 Jahre verfolgen lassen. Links davon schließt sich der bereits erwähnte Spielplatz mit Spielwiese an. Durch den **Exotischen Garten**, der auch „Landesarboretum" genannt wird, mit seinen wunderschönen Gehölzen und Stauden, alle natürlich mit Namensschildchen, begibt man sich zurück in Richtung Ausgang Garbenstraße. Etwas nach links versetzt findet sich dort eine museale Besonderheit, das **Landwirtschaftsmuseum**. Anhand anschaulicher, teils fast lebensgroßer Sperrholzfiguren wird die Entwicklung der Bodenbearbeitung und des Pfluges gezeigt. Eindrucksvolle Beispiele dokumentieren die Mechanisierung der Landwirtschaft. Schon vom Namen, erst recht vom Äußeren her, um nur ein Beispiel unter vielen herauszugreifen, zeigt das Dampflokomobil in jeder Hinsicht deutlich seine Verwandtschaft mit der Dampflok. Besonders schön ist auch eine frühe, noch wie eine Kutsche geformte Dreschmaschine. Zuviel soll nicht verraten werden, nur soviel, daß es neben diesen imposanten Originalen – das größte ist ein moderner Mähdrescher – auch eine sehenswerte, maßstabsgerecht verkleinerte Modellsammlung landwirtschaftlicher Geräte gibt.

Gleich am Museum kann man nun zu der noch versprochenen **Wanderung ins sogenannte „Zillertal"** starten. Dazu geht man auf der Straße vor zum Gasthof „Zur Garbe" (Mittwoch Ruhetag), der daran erinnert, daß Hohenheim im Laufe der Zeit mehrere Besitzer hatte. Einer von ihnen war Imanuel Garb aus Augsburg, der es „Garbenhof" nannte. Zwei weitere Daten sollen in diesem Zusammenhang nachgetragen werden. Hohenheim wurde um 1100 erstmals urkundlich erwähnt und war bis etwa 1424 Burg und Stammsitz der Vorfahren des Arztes, Philosophen und Naturforschers Theophrastus Bombastus von Hohenheim, besser bekannt als Paracelsus.

An diesem Gasthof geht es also vorbei, geradeaus auf dem *"Wollgrasweg"* ganz hinaus, an einem einzelstehenden Baum vorbei. An der zweiten Wegkreuzung geht es rechts oberhalb einiger Schrebergartenhäuschen vorbei, den Weg, der etwas langsamer bergab verläuft. Unten erwartet uns ein hübsches, breites Wiesental, das man durchläuft. Ein Ort, ideal zum Ostereier-Suchen! Auf dieser Strecke kommt man nach kurzer Zeit zu dem Gartenlokal, das dem Tälchen bei Hiesigen zu seinem neuen, nicht offiziellen Namen *"Zillertal"* verhalf. Es hat von April bis Oktober geöffnet (Dienstag bis Freitag 14.00 – 22.00 Uhr, Samstag ab 11.00 Uhr, Sonntag ab 9.00 Uhr; Montag Ruhetag). Am Ende des Tals führt der Weg über ein Brückchen links bergauf in den Wald. Immer einem *blauen Strich auf weißem Grund* nach, streift man schließlich aus der Ferne einige Häuser am Rande des Industriegebiets Möhringen-Zettachring.

Hier wechselt die Markierung. Folgt man dem *roten Punkt* nach links, gelangt man zum Waldrand und nach einem kurzen Stück an seinem Saum entlang zurück in den Wald. Schon sieht manches wieder vertraut aus. In der Tat befindet man sich wieder im vorigen Wiesental, diesmal jedoch ein Stück weiter östlich. Ein kurzes Stück geht es auf der anderen Seite bergauf, dann auf ebener Strecke zum Ausgangspunkt zurück.

▷ *Wie kommt man hin?*
Hohenheim gehört zu Plieningen und ist mit den Buslinien 73, 74, 75 und 76 bequem zu erreichen.
Am Wochenende stehen die Uni-Parkplätze in der Garbenstraße zur Verfügung.

○ *Länge der Wanderung:*
von/bis Schloß ca. 5 km, zusätzliche Wege im Park je nach Lust und Ausdauer.

❊ Museum im Spielhaus: „Das kleine Museum zur Geschichte Hohenheims"

Auskünfte:	Telefon 07 11/4 59-21 19	
Geöffnet:	1. April bis 31. Oktober	
	Samstag	14.00 – 17.00 Uhr
	Sonn- und Feiertag	10.00 – 13.00 Uhr
	und	14.00 – 17.00 Uhr
	1. November bis 31. März	
	nur Sonn- und Feiertag	10.00 – 16.00 Uhr
Eintritt:	frei	

❊ Zoologisches und Tiermedizinisches Museum

Auskünfte:	Telefon 07 11/4 59-22 57
Geöffnet:	nach Vereinbarung
Eintritt:	frei

❊ Deutsches Landwirtschaftsmuseum

Auskünfte:	Telefon 07 11/4 59-21 46	
Geöffnet:	1. April bis 31. Oktober	
	Dienstag bis Freitag	10.00 – 13.00 Uhr
	und	14.00 – 17.00 Uhr
	Samstag, Sonn- und Feiertag	10.00 – 17.00 Uhr
	1. November bis 31. März	
	Sonntag	10.00 – 17.00 Uhr
Eintritt:	Kinder/Ermäßigte DM 1,00	
	Erwachsene DM 3,00	

▭ *Kartenempfehlung:* L 7320 Stuttgart Süd 1 : 50 000

Pferde, Pferde und nochmals Pferde 8

Zwischen Stuttgart und Ostfildern wiehert's überall

Stuttgart führt ein „Rössle" im Namen und im Wappen. Doch lebendig, so richtig aus Fleisch und Blut, trifft man es – so mag mancher denken – im Stadtgebiet nicht mehr an. Das ist ein großer Irrtum. Rund ein Dutzend Reitanlagen gibt es allein im Stadtgebiet. Und geht man nur ein kleines Stück weit vor die Tore Stuttgarts in Richtung Fildern auf die Gemarkung Ostfildern zwischen Scharnhausen, Kemnat und Ruit, dann „wiehert's" wirklich überall. Am meisten im Körschtal. Nicht ganz zufällig übrigens, denn dort ist Pferdehaltung seit langem Tradition. Am Ortsrand Scharnhausens steht am Hang, von weitem sichtbar, das hübsche (heute privat genutzte) Schlösschen mit der in großen goldenen Buchstaben gefaßten Widmung „Carolus Otio" (Karl zur Muße!). Es wurde 1784 für Herzog Karl Eugen und dessen Frau, Franziska von Hohenheim, bei der ehemaligen Hofer Mühle errichtet. König Wilhelm I. fügte 1810 zuerst den Fohlenhof, später das Gestüt hinzu. Daß es dort heute wieder, wie im ganzen Körschtal und zunehmend auch in dessen Umgebung so viele Pferde gibt, liegt trotzdem vor allem an der Nähe zu Stuttgart, schließlich wollen Reiter – wie alle Tierfreunde – ihre vierbeinigen Lieblinge möglichst nahe bei sich haben.

Zwei Ausflüge bieten sich für Pferdenarren und solche, die es werden wollen, an: Die Erkundung des Körschtals und seiner Umgebung zu Fuß, auf einem knapp 5 km langen Spaziergang und/oder eine rund 18 km lange Radtour von Stuttgart-Degerloch her.

Der Spaziergang – Wanderung wäre zu viel gesagt – ist eine hübsche Sache, vor allem für Familien mit kleineren Kindern. Beim Anblick von Pferden, vielleicht sogar von Fohlen auf der Weide, beim Spielen und Grillen vergeht die Zeit wie im Flug.

Der günstigste Ausgangspunkt dafür ist der **Scharnhäuser Vulkan**. In seinen Schlot sind vor 15 Millionen Jahren Brocken „weißen Juras" gefallen, heute findet man diese Gesteinsschicht erst am Albtrauf, 23 km weiter östlich. Aber das ist nur für Erwachsene interessant, Kinder sehen hier nichts als eine Wiese, die aussieht wie andere Wiesen auch. Das hübsche Körschtal hinauf, ein Stück dem *Rundwanderweg 3* der Stadt Ostfildern nach, wird es für sie spannend.

Die paar Häuser dort bilden den seit 1283 urkundlich belegten **Weiler Stockhausen**, der wahrscheinlich immer eine Mühle besaß. Die letzte wurde 1555 gebaut. Heute residiert dort, von der Familie Strobel hervorragend betreut, der Reitclub Stockhausen. Hier wird das Turnierreiten ebenso wie das Freizeitreiten gepflegt; im Sommer sieht man meist sogar Fohlen auf der Weide um ihre Mütter herumtollen. Gerne darf man sich Stallungen, Pferde und Reitbetrieb anschauen, darf beim Putzen der Pferde zusehen und natürlich jede Menge Fragen stellen.

Direkt an der Einfahrt zum Reitclub zieht sich rechts ein Hangweg aufwärts, der gleich darauf nach links in Schrebergärten führt (noch immer der *Ziffer 3* nach). An ihrem Ende geht es links bergab, dann rechts am Bach entlang. Unterhalb Kemnats, zwischen Wiesen und Obstbäumen, gelangt man so zum Rossert.

Der schön gelegene, vor allem sehr gepflegte **Grill- und Spielplatz Rossert** gehört der Evangelischen Kirchengemeinde Kemnat (Gruppen benötigen eine dort einzuholende schriftliche Erlaubnis). Wer sich dort aufhalten will, tut gut daran, seinen Kindern Gummistiefel anzuziehen; Plantschen im „Bächle, das in den Spielbereich einbezogen ist, hat vor allem für kleinere Kinder größere Reize als Sand und Rutsche.

Weiter geht es auf dem bisherigen Weg geradeaus in Richtung Ruit. Danach nimmt man die jeweils ersten Abzweigungen nach rechts, dann den ersten asphaltierten Weg links und stößt über eine Kreuzung hinweg geradeaus auf einen „Bolzplatz“ mit Tor, Torwand und Reifenschaukel. Von hier aus, fast bis zur Straße,

Wie geht's nun weiter?

geht es in weitem Bogen auf das Wäldchen im „Läuchle“ zu, und auf dem links abzweigenden Weg durch das Wäldchen hindurch, ist in kürzester Zeit wieder der Ausgangspunkt erreicht.

Die zweite Möglichkeit, das Körschtal und seine Umgebung zu erkunden, ist eine **Radtour**. Ein bißchen älter sollten die Kinder schon sein, um die rund 18 km lange, allerdings abseits großer Straßen verlaufende Tour durchzustehen.

Stuttgarter beginnen sie sinnvoller Weise in Degerloch, an der *Endstation der „Zacke"* (siehe auch Kapitel 6). Das spart Puste und macht Spaß. Ab hier nimmt man am besten die parallel zur Jahnstraße verlaufende Felix-Dahn-Straße. Sie führt ebenfalls und sicherer noch zur Waldau. Auf dem Königsträßle rechts, an Klein-Hohenheim vorbei über Birkhecken- und Rotwiesenstraße durch Schönberg, gelangt man zur Riedenberger Straße, wo man die mittlere Filderlinie überquert. Parallel zu ihr, am Ramsbach entlang, an der Kläranlange links, erreicht man die *Neumühle*. Sie war bereits 1283 als Kemnater Mühle urkundlich bestätigt. Ihr letzter Mühlstein lehnt an einer Boxentür an der Vorderfront. Ist die daran vorbeiführende Reutlinger Straße überquert, geht es geradeaus nach *Stockhausen* (siehe oben), wo die Pferde sicherlich einen kleinen Aufenthalt nötig machen. Auch zum Kräftesammeln kann man ihn brauchen, denn bis zum *Rossert* (Wegverlauf siehe oben) müssen die Pedale schon kräftig getreten werden.

Vom Rossert aus muß man das asphaltierte Rossertsträßchen zurück nach Kemnat, dort die Hauptstraße (die Heumadener Straße) kreuzen. Über die Schönbergstraße fährt man am Ortsrand Richtung Heumaden rechts die Hagäckerstraße immer geradeaus, vorbei am Kemnater Hof (Montag bis 17.00 Uhr Ruhetag) und an der „Tennishütte", wo man seinen Durst löschen kann, und erreicht schon bald die **Jugendfarm Riedenberg**. Sie ist, wie alle Jugendfarmen, ein Platz zum Toben, Plantschen, Bauen und zu vielem mehr. Mittwochs ab 15.00 Uhr ist „Spiele-Tag", je nach Witterung draußen oder drinnen. Da der heutige Ausflug aber eigens für Pferdefreunde geplant ist, dürfte von besonderem Interesse sein, daß hier Reit- und Pflegekurse stattfinden, zu denen man sich anmelden kann. Die Jugendfarm ist übrigens von Stuttgart her über Sillenbuch gut mit öffentlichen Verkehrsmitteln zu erreichen.

Nach der Jugendfarm links bergab, die Talwiesen des Auener Bachs, zwischen dem Kurrenwald und den ersten Häusern Riedenbergs hinunter, kommt man wieder zur mittleren Filderlinie. Der Familienrat hat nun zu entscheiden, ob man den Weg zurück – wie gehabt – über Schönberg und das Königsträßle nimmt, oder lieber über den Eichenhain. Letzteres ist lohnender und nicht wesentlich länger.

Wer sich dafür entschließt, fährt nicht ganz hinunter, sondern schon am Friedhof rechts und beim Erreichen der Birkacher Straße wieder rechts. Bei der Eichenparkstraße, unmittelbar bevor man in den Eichenhain gelangt, bietet sich dann auch noch Gelegenheit zur zünftigen Rast in der Gartenwirtschaft des Restaurants „Rose" (Montag – Samstag 11.00 – 14.00 Uhr und 16.00 – 23.00 Uhr; Sonn- und Feiertage 10.30 – 24.00 Uhr; Mittwoch Ruhetag). Wenige Meter weiter, am Gebäude der Freiwilligen Feuerwehr

Riedenbergs befindet sich ein Eingang in den Park, den man auf einem schönen, aussichtsreichen Weg, der mit einem *roten Punkt* gekennzeichnet ist, durchquert. Der **Eichenhain** in seiner heutigen Gestalt ist ein botanisch interessantes Einsprengsel in der Filderlandschaft, das den Heideflächen der Schwäbischen Alb ähnelt und in etwa auch so entstanden ist: Im 18. Jahrhundert diente er Schweineherden als Weideflächen, die alles bis auf die mächtigen Eichen abfraßen; im 19. Jahrhundert setzten Fohlen deren Werk fort, das heute aus landschaftspflegerischen Aspekten von Schafen – man kann sagen künstlich – übernommen wird.

Am Ende des Eichenhains fährt man rechts, um gleich darauf in den Hermann-Löns-Weg links einzubiegen. Ihm folgt man bis rechts der *Radweg 1* – der einen auf der restlichen Strecke begleiten wird – nach rechts zum SV-Sillenbuch (mit täglich geöffneter Gaststätte) abzweigt. In Richtung Fernsehturm erreicht man nun mühelos die SSB-Haltestelle „Ruhebank", von der es nur noch einen „Katzensprung" weit über Georgiiweg, Königsträßle und Felix-Dahn-Straße zurück zum Bahnhof der Zacke in Degerloch ist.

▷ *Wie kommt man hin:*
Zum Scharnhäuser Vulkan per Auto aus Stuttgart über Sillenbuch, Heumaden nach Ruit, dort rechts ab in Richtung Scharnhausen, wo sich noch vor Ortsbeginn der Vulkan findet. Nach Scharnhausen-Ortsmitte fährt auch Bus Nr. 73 aus Stuttgart über Plieningen.
Zur Jugendfarm Riedenberg und nach Stockhausen mit öffentlichen Verkehrsmitteln: Straßenbahn bis Endhaltestelle Sillenbuch, Bus 130, Haltestelle Kemnater Hof bzw. Reutlinger Straße; mit jeweils kurzem Fußmarsch (nur wenige Meter geradeaus).

○ *Länge des Spaziergangs:* ca. 5 km, Radtour ca. 18 km

✻ Jugendfarm Riedenberg (Untere Furtäcker)
Auskünfte: Telefon 07 11/47 24 69
Geöffnet:
Montag bis Freitag 13.00 – 18.00 Uhr
In den Ferien:
Montag bis Freitag 10.00 – 18.00 Uhr

▭ *Kartenempfehlungen*:
L 7320 Stuttgart Süd 1 : 50 000
RV L476 Stuttgart und und Umgebung 1 : 75 000
und Radwegeplan Filder 1 : 20 000

Nostalgische Erinnerungen an Schulausflüge ❾

Wandern rund um den Uhlbergturm

Zum Uhlbergturm? „Was ich da schon Würstchen gegrillt habe!", „Und den Schulausflug haben wir auch nicht nur einmal dorthin gemacht!" So reagieren viele Erwachsene auf diesen Ausflugstip. Leute, die mit dem Namen Uhlbergturm Erlebnisse und Erinnerungen verbinden: an Schulausflüge, an Schule überhaupt, an damalige Freunde und Freundinnen. Die meisten aus diesem Kreis haben heute selbst Kinder, die so langsam ins „wanderfähige" Alter kommen. Und rings um den Uhlbergturm ist es noch immer schön. Wie wäre es also, hier einmal mit der Familie einen ganzen langen Wandertag zu verbringen? Möglichkeiten dazu gibt es genug. Grillstellen und Spielplätze liegen am Wege, und wer will, kann den Tag im nahegelegenen Freizeit- und Erlebnisbad „Fildorado" ausklingen lassen.

Der geeignetste *Ausgangspunkt* für diese Wanderung (die den Uhlbergturm vorerst nicht berührt, um ihn als nostalgisches Bonbon an den Schluß zu setzen) ist der *Wanderparkplatz Schlatt* am Ortsende Plattenhardts. Fünf Rundwanderungen zwischen 2 und 6,5 km Länge gehen von hier aus. Alle können untereinander ausgetauscht und kombiniert werden, da alle über den Uhlbergturm und zurück zum Parkplatz führen.

Die im folgenden beschriebene Route ist mit rund 9,5 km länger als die anderen, aber abgesehen von einer kurzen, ordentlichen Steigung von Neuenhaus zum Uhlbergturm gut zu gehen. Sie führt zunächst am Uhlbergturm vorbei zur Burkhardtsmühle (Einkehrmöglichkeiten, Spiel- und Grillplatz), auf halber Höhe fast eben nach Neuenhaus, durch dieses hindurch und über den Uhlbergturm zum Ausgangspunkt zurück.

Vom Parkplatz aus folgt man zunächst so lange dem *roten Strich* auf dem Hauptweg in den Wald hinein, bis er als Wegmarkierung durch das halbrechts abzweigende *rote Kreuz* abgelöst wird. Stetig leicht bergab gehend, gelangt man bequem bis zu einer Kreuzung, wo guter Rat teuer scheint. Richtig ist der unscheinbarste kleine Waldweg geradeaus. Doch auch wer rechts geht, kommt mit ein paar Schritten mehr, dafür bequemer, an die zweite, diesmal deutlich gekennzeichnete Abzweigung. Auch an ihrem Ende, einer weiteren Gabelung, ist das noch immer gültige *rote Kreuz* zu spät und zu versteckt angebracht. Aber den meisten wird sowieso ihr gutes Orientierungsgefühl helfen, sich rechts zu halten und den „Maurersklingenweg“ einzuschlagen. Dann, hinter der Schranke, führt der Weg als Waldpfad ein Stück weit parallel zur Straße zur **Burkhardtsmühle**, der letzten Mühle des Siebenmühlentals (vgl. Kapitel 10). Ihren Namen hat sie nach ihrem Erbauer erhalten. 1825 als Sägemühle gebaut, ist sie unter ihren heutigen Besitzern ein großes, modern arbeitendes Sägewerk geblieben, dem eine umfassende Holzverarbeitung angeschlossen ist. Zugleich ist sie ein beliebtes und vielbesuchtes Ausflugsziel geworden, das Einkehrmöglichkeiten für jeden Geschmack und jeden Bedarf bietet: im Restaurant (Montag Ruhetag), im „Mühlenstüble“ (kleine Speisen, durchgehend geöffnet), im „Kamin“ (ab 19.00 Uhr offen) und im Großen Biergarten (1. April bis 31. Oktober; täglich geöffnet).

Wer sich selbst verpflegen will, hat nicht weit von der Mühle am schön gelegenen und gut ausgestatteten *Grill- und Spielplatz* dazu prächtig Gelegenheit:

Drei Feuerstellen, Rutsche, Wippen, Schaukeln laden zum Rasten ein. Und da auch Kleinkinder ungefährdet am Bachrinnsal spielen können, muß man hier schon einen etwas längeren Aufenthalt einplanen. Man findet die von der Straße nicht einsehbare Anlage leicht, wenn man den gegenüber der Mühle zum Wald führenden Weg einschlägt und dann ca. 100 m nach links geht (beide Wege führen hin). Der erste der drei Wege ist zugleich die Zufahrt zu einem etwas versteckt liegenden Wanderparkplatz, der Ausgangs- und Zielpunkt des begehenswerten *Waldlehrpfades Betzenberg* ist. Ein Stück davon läuft man ja auch auf dieser Route, wenn man vom oberen Teil des Spiel- und Grillplatzes nach links in den Wald wandert. Vorbei an einem gefaßten Brunnen mit einer Tafel, die das von Uhland dem letzten Pfalzgrafen von Tübingen gewidmete Gedicht, „Der letzte Pfalzgraf“, zeigt, kommt man nun bald zu einer der romantischsten Grillstellen überhaupt. *Am alten Stubensandsteinbruch*, aus dem einzelne behauene Relikte als Sitzgelegenheiten dienen, gibt es neben einem kleinen Tümpel eine überdachte Feuerstelle. Der Grillplatz liegt rechts vom Weg versteckt, und wer ihn finden will, muß gut achtgeben.

An der Wegkreuzung wenig später geht es links, den *"Neuhäuser Wandweg"*. Er heißt so nach der „Neuhäuser Wand“, dem relativ steilen Abfall zur Aich, der durch die Eingrabung des Flusses in den Schönbuchrücken entstand. Der Weg ist sehr schön, fast eben und gekiest. Ihm folgt man so lange, bis das *"Saulachsträßchen"* links abzweigt. Waren bisher alle Feuerstellen um- und übervölkert, hat man hier eine weitere Chance, seine

Würstchen endlich zu grillen. Schutzhütte, Feuerstelle, Spielwiese und der angrenzende Waldsportpfad warten nur, daß jemand sie benützt.

Wer nach diesem Platz gleich den ersten unbezeichneten Waldweg halblinks einschlägt, erspart sich den unnötig längeren Weg an den Sportplätzen vorbei. Der Waldweg führt geradeaus zu einem selten befahrenen Sträßchen am Ortsrand von Neuenhaus, auf dem man direkt zur Kirche gelangt.

Neuenhaus (seit 1978 Aichtal eingemeindet) ist vielen auch unter dem Namen „Häfner-Neuhausen“ ein Begriff. Das Hafnergewerbe, die Herstellung von Keramikwaren, fand im Ort früh Eingang, weil mit Landwirtschaft im Schönbuch, vor allem in den Schönbuch-Tälern, kein genügendes Auskommen zu erzielen war und hier zudem reiche Tonvorkommen im Wald, fast vor der Haustüre, vorhanden waren. Seinen zahlenmäßigen Höhepunkt hatte dieser Handwerkszweig 1848 erreicht, als ihm fast zwei Drittel der ansässigen Anwohner angehörten. Heute ist es hauptsächlich Wohngemeinde und mehr dadurch bekannt, daß es als Hochburg der Pietisten gilt.

Die Kirche ist in dem kleinen Ort nicht zu verfehlen. Hier findet man, an der Fassade eines grünen Hauses, das Schild *"Uhlberg"* mit dem *roten Strich* als Zeichen. Den Uhlbergturm, das Ziel, hat man ja schon oben beim Waldaustritt gesehen. Doch so weit, wie es schien, ist es gar nicht zu gehen.

Man folgt dem Zeichen über eine kleine Brücke und einem kleinen Fußweg zur Hauptstraße, quert sie, und steht bereits am *"Gasthof zum Uhlberg"* (Terrasse, Montag Ruhetag). Rechts vom Gasthaus geht links ein kurzes Stück steil bergauf. Wer dennoch zügig ausschreitet, steht gleich darauf an einer großen Wegkreuzung, die schlecht ausgeschildert ist. Hier geht man links den breiten Weg und findet sich nun in einem besonders schönen Waldstück.

Der Rest ist gut bezeichnet. Auch trifft man wieder auf die Markierungen der Rundwanderwege. Alle Wege, nicht nur der rote Strich, führen zu dem fast in der Mitte oberhalb der nun auftauchenden Schrebergärten stehenden **Uhlbergturm**.

Schon 1890 war auf dem Uhlberg ein einfaches Aussichtsgerüst erstellt worden. Später wurde es durch einen Holzturm mit massivem Sandstein-Unterbau ersetzt. Seit 1963 gibt es den 25 m hohen Steinturm. Er ist das ganze Jahr über samstags, sonn- und feiertags ganztägig geöffnet. Der Blick von oben reicht in guten Tagen vom Hohenzollern über die Reutlinger bis zur Nordost-Alb, zum Mainhardter Wald, zum Schurwald und den Fildern. Im Tal darunter liegen Grötzingen, Aich und das eben durchquerte Neu-

Auf der Riesenrutsche ins nasse Vergnügen

enhaus. Am Turm gibt es einen *Kiosk*, davor einen schönen *Rastplatz mit Feuerstelle*. Der breite, am Turm abgehende Weg führt in weitem Bogen direkt zum Ausgangspunkt zurück. Wer will, kann von hier aus, am Waldrand links entlang, den nahegelegenen Gasthof "*Waldschenke zur Distelklinge*" mit seinem kleinen *Damwildgehege* erreichen (Montag und Dienstag Ruhetag, werktags ab 15.00 Uhr geöffnet).

Eine andere lohnende Sache ist es, das nahe (ca. 1,5 km entfernte) **Fildorado** in Filderstadt-Bonlanden aufzusuchen. Durch seine gute Ausstattung im Hallen- und Freibadbereich, vor allem seinem schönen, 34 Grad warmen Mineral-Thermalbecken ist es für alle und in jeder Jahreszeit ein „heißer Tip“, nicht nur als Abschluß einer solchen Wanderung.

▷ *Wie kommt man hin?*
Zum Wanderparkplatz Schlatt am Uhlbergturm (identisch mit Tafel „P Uhlbergturm“) per Auto über die B 27, Ausfahrt Filderstadt-Plattenhardt, Richtung Waldenbuch.
Mit öffentlichen Verkehrsmitteln nicht ganz so einfach zu erreichen: ab Echterdingen mit Buslinie 35 bis Haltestelle Reute (von dort ca. 500 m zusätzlich zum Wanderparkplatz Schlatt).

○ *Länge der Wanderung:* ca. 9 km

✻ Uhlbergturm

Geöffnet:	Samstag, Sonn- und Feiertag Sonst: Schlüssel bei Herrn Rolf Wörner, Nürtinger Str. 28, Aichtal-Neuenhaus, Tel.: 0 71 27/5 10 49
Eintritt:	Kinder DM 0,30 Erwachsene DM 0,50 Schulklassen DM 0,20 pro Person

✻ Fildorado, Freizeit- und Erlebnisbad (Filderstadt-Bonlanden)

Auskünfte:	Telefon: 07 11/77 20 66	
Geöffnet:	täglich, auch Sonn- und Feiertag	8.00 – 21.00 Uhr
	Freitag	8.00 – 23.00 Uhr
Eintritt:	Auszug (Einzelkarten) im Hallenbadbereich incl. Sauna: Kinder DM 5,00 Erwachsene DM 14,00 im Freibadbereich: Kinder DM 2,50 Erwachsene DM 4,00 Kinder unter 6 Jahren sowie Geburtstagskinder (am Geburtstag oder am Tag danach – Ausweis!) haben freien Eintritt. Minigolf pro Durchgang und Person DM 2,00 (Pfand je Schläger DM 10,00)	

▭ *Kartenempfehlungen:*
RV 11476 Stuttgart und Umgebung 1 : 75 000
L 7320 Stuttgart Süd 1 : 50 000

Von Natur bis Theater

10

Was man zwischen Echterdingen und Stetten/Fildern alles erleben kann

Was kommt einem auf diesem Ausflug alles vor die Augen! Ein wenig Geschichte, sowohl neuere (die Schweizer Straße), aber auch eine Begegnung mit den noch immer rätselhaften Kelten. Dazu eine stattliche Anzahl von Mühlen im Reichenbachtal und ein Reitstall, die als Einkehrmöglichkeiten zu den bewußt immer vorhandenen Grill- und Spielplätzen hinzukommen. Und viel Natur natürlich. Nur eines fehlt noch: das Theater. Ehemals Naturtheater, nennt es sich nun „Theater unter den Kuppeln" und kann mit seiner Kindervorstellung am Sonntag einmal einen Ausflug in ganz besonderer Weise krönen. Gespannt?

Doch eine so lohnende Wanderung ist nicht ganz ohne Schwierigkeiten zu haben. Die Schwierigkeit liegt hier darin, den Ausgangspunkt, einen Wanderparkplatz am Ortsrand Echterdingens, zu finden. Ohne Hinweisschild zweigt in einer Rechtskurve der alten B 27 nach Tübingen nach links die *Waldenburger Straße* in Echterdingen ab, die zum *Waldparkplatz „Riesenschanze"* führt. Auch Benutzer von öffentlichen Verkehrsmitteln gelangen so zum Ausgangspunkt, von dem übrigens auch sechs andere Rundwanderungen von 1,5 bis 12 km Länge sowie ein geschichtlicher Lehrpfad ausgehen.

Die im folgenden beschriebene, 11 km lange Wanderung führt bei einer Bank halbrechts zwischen Hinweistafeln in den Wald. Nach ca. 100 m geradeaus gelangt man bereits an den hübschen *Grill- und Spielplatz*. Eine freistehende Grillhütte, Schaukeln, Wippen, eine Torwand und eine große Wiese bilden die Grundausstattung. Daneben gibt es eine große Hütte mit überdachten Sitzgelegenheiten und Bühne. Hier finden im Sommer gelegentlich Veranstaltungen statt. Am Spielplatzende ist das Gelände hügelig. Nicht zufällig. Eine Tafel weist es als von Menschenhand geschaffen aus: Es handelt sich um *Hügelgräber* aus der Hallstattzeit (um 600 v. Chr.). Aus der Größe und Anzahl schließt man, daß es hier damals eine größere Ansiedlung gegeben haben muß.

Wenig später weist ein *roter Strich* den Weg zur keltischen **Viereckschanze**. Bald ist sie erreicht und durchquert. Den Namen „Riesenschanze" hat sie von ihren imposanten Ausmaßen: 92 mal 98 m. Früher glaubte man, es handle sich bei solchen Schanzen um militärische Anlagen der Kelten, um eine Art Fliehburg. Heute

Am Grill- und Spielplatz Echterdingen

glaubt man zu wissen, daß es abgegrenzte Heiligtümer waren: Tempelbezirke, in deren Mitte jeweils ein Holztempel stand. Ganz geklärt sind ihre Rätsel noch nicht, auch nicht ihr auf den Raum zwischen Main, Donau und Schwarzwald begrenztes Vorkommen.

Am Ende des Grabens links, dann rechts zurück auf den Hauptweg folgt man dem *roten Strich* als Markierung über zwei Kreuzungen hinweg geradeaus, dann rechts, bis nach links ein *roter Punkt* ins Reichenbachtal weist. Der zum Teil etwas holprige Waldweg endet am Parkplatz Seebruckenmühle. Die *Seebruckenmühle* trägt ihren Namen nach einer Brücke zwischen zwei inzwischen nicht mehr vorhandenen Seen. Heute ist dort ein Gasthof (Dienstag Ruhetag) mit einer richtig gemütlichen Gartenwirtschaft, die wirklich noch im Garten liegt. Der Maler Hans Hahn-Seebruck hat hier auch seine Galerie „Weiße Scheune".

Dem *roten Punkt* nach geht man im Reichenbachtal weiter. Es ist allgemein bekannter als **Siebenmühlental**. Sieben Mühlen waren bereits 1383 im Tal vorhanden. Später hat sich ihre Zahl auf elf erhöht, die noch bis in die zwanziger Jahre dieses Jahrhunderts die hiesige Wasserkraft nutzten.

An der *Schlechtsmühle*, einer der ältesten und am längsten betriebenen Mühlen vorbei, gelangt man mit dem Punkt zur *Schlößlesmühle* (Montag Ruhetag, Terrasse).

Hier trifft man zum zweiten Mal auf die alte Poststraße, die rund zweihundert Jahre nicht nur Stuttgart und Tübingen verband, sondern als sogenannte *"Schweizer Straße"* eine überregionale, wichtige Verkehrsverbindung zwischen Frankfurt und Schaffhausen war.

Auf dieser Straße nun geht man nach rechts über die Brücke dem *blauen Strich* nach immer geradeaus auf die Höhe zu, vorbei am Waldparkplatz „Kreuthau", von dem vier Rundwanderungen, u. a. auch zum Hasenhof, ausgehen. Oben am Waldrand wendet man sich nach links. Dieser Punkt wird übrigens auch von öffentlichen Verkehrsmitteln angefahren (Haltestelle Hasenhof: Buslinie 86 Leinfelden-Musberg, Vaihingen S-Bahnhof; Buslinie 76 Leinfelden-Echterdingen – ZOB Stuttgarter Hauptbahnhof; Buslinie 7974 Schönaich – Böblingen – S-Bahn Sindelfingen).

Dem *roten Kreuz* nach gelangt man mitten hinein in den hübschen, zu Waldenbuch gehörenden Weiler **Hasenhof**. Sein Name rührt von dem nicht mehr erhaltenen Hof her, der einst herzogliche Meierei und später Witwensitz Barbaras von Mantua war, der Gemahlin Herzogs Eberhard im Bart. Einkehrmöglichkeit gibt es im Ort (Gasthof „Hasenhof", an Sonn- und Feiertagen ab 12.00 Uhr geschlossen), Getränke und Kuchen auch im „Reiterstüble" (Montag Ruhetag) des Reitstalles Hasenhof, von wo aus man dem Reitbetrieb zusehen kann. Wer am Reitstall war, muß ein Stück zurück, die Lindenstraße hinab. Dort trifft man wieder auf den *roten Punkt*, dem man noch eine Zeitlang folgt.

Über einen Wiesenweg, an Koppeln vorbei, läuft man bergab, danach geht es ohne Bezeichnung quer über den Wiesenhang zum Waldrand, wo das alte Zeichen den Wanderer empfängt und weiterführt. Nun geht es ein relativ steiles Waldstück bergab, dann links und noch einmal links, und schon steht man vor der *Kochenmühle*. Durch sie hindurch geht es wenige Meter nach rechts, dann scharf links ein asphaltiertes Waldsträßchen hinauf, dem man bis zur Höhe bei Weidach folgt, einem der Ortsteile Stettens, das nun selbst nach Leinfelden-Echterdingen eingemeindet ist. Hier, am **Wanderparkplatz „Stettener Hütte"**, gibt es noch einmal eine überdachte Grillhütte und eine Spielwiese. Namengebend war die

Stettener Hütte des Schwäbischen Albvereins, die sonntags bewirtschaftet ist. Daß keiner zu Verhungern braucht, dafür sorgen in nächster Nähe noch weitere Gaststätten, darunter auch vereinseigene.

Ein besonderer Höhepunkt eines Sonntagsausflugs könnte jedoch einmal sein, ihn mit einer Kindertheateraufführung im „Theater unter den Kuppeln“ enden zu lassen. „Kikeriki-Kiste“, „Meister Eder und sein Pumuckl“ oder ein anderes Stück – für Kinder bringt jedes eine Menge Spaß, vielleicht sogar den Wunsch, bei anderer Gelegenheit eine weitere Aufführung zu sehen. Übrigens ist der Besuch der Freilichtbühne auch für Erwachsene ein lohnendes Ziel für einen Sommerabend.

Die Rückkehr zum Ausgangspunkt ist kein Hexenwerk mehr: vor zur Straße, dann links eben die Dorfstraße hinaus und auf der Höhe zurück. Unterwegs hat man noch einen schönen Blick über die Filderebene bis zu den Schurwaldhöhen und der rechts anschließenden Alb mit den Kaiserbergen Hohenstaufen, Rechberg und Stuifen (siehe auch Kapitel 25). Unten liegt der Flughafen, den man von hier besonders gut sehen kann. Eine letzte Einkehrmöglichkeit hier oben ist auf den letzten Metern noch das *Waldheim*, das zudem über einen besonders schönen Spielplatz mit zahlreichen Holzgeräten verfügt.

Ein Tip noch für diejenigen, die ab und zu gern ein Spielchen wagen. Ganz in der Nähe, in Musberg, befindet sich das einzige Spezialmuseum für Spielkarten in der Bundesrepublik: das *Deutsche Spielkartenmuseum*, eine der Zweigstellen des Württembergischen Landesmuseums.

▷ *Wie kommt man hin?*
Per Auto: alte B 27 Richtung Tübingen, in einer Rechtskurve in Echterdingen links in die Waldenbuchstraße zum Waldparkplatz „Riesenschanze“.
Per Bus: Linie 75 (ab ZOB Stuttgart) bis Haltestelle Tübinger Straße, dann ebenfalls die Waldenburger Straße hochlaufen. Rückfahrt in diesem Fall auch direkt über Stetten/Fildern möglich (Linie 77 bis ZOB Stuttgart).

○ *Länge der Wanderung:* ab/bis Waldparkplatz Riesenschanze 11 km

✻ Galerie Weiße Scheune (bei der Seebruckenmühle, Tel.: 07 11/79 13 27)

Geöffnet:	Sonntag	11.00 – 15.00 Uhr
	oder nach Vereinbarung, Telefon 07 11/7 97 00 24 (ab 20.00 Uhr)	
Eintritt:	frei	

✻ Naturtheater/Theater unter den Kuppeln
Anschrift: Gräbleswiesenweg, 7022 Leinfelden-Echterdingen
Auskünfte: Montag und Donnerstag zwischen 9.00 und 11.30 Uhr
Telefon: 07 11/79 51 11

▷ *Wie kommt man hin?*
Per Auto: B 27, Ausfahrt Leinfelden-Echterdingen/Stetten
Per Bus: Linie 77 nach Stetten ab ZOB Stuttgart, Haltestelle Kasparswald, 10 Minuten zu Fuß
Per Straßenbahn: Linie 6 (Stuttgart-Echterdingen), 30 Minuten Wanderung über die Waidacher Höhe.
Per S-Bahn: Obereichen, dann Stadtbus Linie 38 nach Stetten
Eintritt: (Theaterkasse 1 Stunde vor Beginn der Vorstellung geöffnet)
Karten u. a. auch über Kartenboutique und -Häusle in Stuttgart
Eintritt Kindertheater: Kinder und Erwachsene Preisgruppe I/II je DM 10,00/8,00
Alle übrigen Vorstellungen: Erwachsene DM 18,00/25,00
Schüler und Studenten sind ermäßigt.

✻ Deutsches Spielkartenmuseum
Anschrift: Schönbuchstraße (bei der Grundschule Leinfelden-Echterdingen/Süd),
7022 Leinfelden-Echterdingen
Auskünfte: Telefon: 07 11/79 86-33 05

▷ *Wie kommt man hin?*
Per Auto/per Straßenbahn Linie 6 sowie mit den Buslinien 35, 36, 38, 86, 87, Haltestelle Schönbuchstraße

Geöffnet:	Dienstag bis Freitag	14.00 – 17.00 Uhr
	Sonn- und Feiertag	10.00 – 13.00 Uhr
	Montag und Samstag geschlossen.	
Eintritt:	frei	

▭ *Kartenempfehlungen:*
RV 11476 Stuttgart und Umgebung 1 : 75 000
L 7320 Stuttgart Süd 1 : 50 000

„Knopfsäckle“ und „Kruschtecke“ ⓫

Ausflug in die jüngste Vergangenheit in und um Waldenbuch

Waldenbuch lohnt einen Besuch! Nicht allein, weil es ein ganz reizendes Städtchen am Rande des Schönbuchs ist. Und auch nicht nur, weil man dort, wie man später sehen wird, hervorragend wandern kann. Der neue Reiz Waldenbuchs rührt von seinem **neuen Museum im Schloß** her, einer Außenstelle des Württembergischen Landesmuseums, das selbst eingefleischte Museumsmuffel zum Schwärmen bringen kann. Nicht Prunkbetten oder andere herrschaftliche Einrichtungsgegenstände nämlich sind hier ausgestellt, sondern Dinge aus dem Alltagsleben unserer jüngsten Vergangenheit. Dinge, die doch schon fremd, beinahe unwirklich geworden sind. Wer kann sich noch vorstellen, daß die „gute Stube“ den einzig beheizbaren Raum darstellte? Daß an diesem Ofen Essen gegart und warmgehalten wurde, das Kind schlief, Oma strickte, aber auch Hühner und Gänse großgezogen wurden? Alles das aus Sparsamkeit ohne regelmäßiges Lüften! Oder wer weiß noch, daß Kinder mit dem Knopfsäckchen (einem Säckchen, in dem alle überzähligen Knöpfe gesammelt wurden) nur als besondere Vergünstigung spielen durften, wenn sie krank waren und im Bett bleiben mußten?

Mehr soll nicht verraten werden. Es gibt noch viel zu entdekken. Auch zu kaufen übrigens: für Kinder gibt es nostalgische Ausschneidebögen, für Erwachsene traumhaft schöne Nachbildungen originaler Ofenkacheln und herrliche Gebäckmodel. Zwei Stunden vergehen schnell bei einem Rundgang durch die nicht industriealisierte Berufs- und Arbeitswelt unserer Vorfahren, das sollte man bei der Planung dieses Ausflugs bedenken.

Und schließlich lohnt **Waldenbuch** selbst ebenfalls unsere Aufmerksamkeit. 1296 zum ersten Mal urkundlich erwähnt, wurde es knapp 100 Jahre später durch die Herzöge von Ursingen an die Grafen von Württemberg verkauft. Herzog Christoph ließ anstelle der alten Burg 1562 ein Jagdschloß erbauen, das heute das oben erwähnte Museum beherbergt und zusammen mit Rathaus und Kirche den Ortskern bildet. Ihn und die hübsch renovierten und restaurierten Fachwerkhäuser kann man anhand eines fortlaufend numerierten und beschilderten „Stadtlehrpfades“ kennenlernen.

Blick auf Waldenbuch

Eine hübsche Sache, die sich auch gut noch an die nachfolgend beschriebene Wanderung zu den Mühlen der Umgegend anhängen und mit einer Einkehr verbinden läßt.

Waldenbuch als Ausflugsziel ist außerdem sehr gut sowohl mit dem Auto als auch mit öffentlichen Verkehrsmitteln zu erreichen. Geübte Radler können auch bequem von Oberaichen aus (um sich den Anstieg aus dem Stuttgarter Talkessel heraus durch eine Fahrt mit der S-Bahn) zu ersparen, durch das Siebenmühlental über die ehemalige Bahntrasse, die als Radweg ausgebaut ist, hierher gelangen.

Ausgangsziel der Wanderung ist, unabhängig vom Transportmittel, die *Bushaltestelle Waldenbuch-Postamt*. Radfans könnten sie ebenfalls mit ihrem Vehikel bewältigen. Rund 8 km lang, führt sie in abwechslungsreicher Strecke von Waldenbuch über die Seitenbachmühle zur Totenbachmühle, von dort über die obere und untere Raumühle zur Oberen Sägmühle wieder zurück nach Waldenbuch.

Vom Postamt geht es zunächst der Straße Richtung Tübingen entlang bis zur Abzweigung nach Weil im Schönbuch. Hier weist der *rote Punkt* am Pfosten des Schildes „Im Seitenbach“ den Weg ins Segelbachtal. An den wechselnden Flurbezeichnungen Segelbach/Seitenbach darf man sich nicht stören. Der Weg ist eindeutig durch den roten Punkt gekennzeichnet. Und schön ist es dort allemal.

Vorbei an der Seitenbachmühle (Getreidemühle) mit freilaufenden, glücklichen Hühnern, gelangt man schon bald (zu bald?) an eine erste Einkehrmöglichkeit: das *"Schützenhaus"* (geöffnet Samstag ab 14.00 Uhr, Sonntag ganztägig), das am Haus über einen Kinderspielplatz verfügt.

Weiter geht es auf dem Segelrainsträßchen ins Tal hinein, wo wenig später ein hübsch, direkt am Bach gelegener Grillplatz mit Spielwiese auftaucht. Sollte diese Grillstelle schon besetzt sein, ist das nicht schlimm: in kurzem Abstand folgt eine zweite, gleichartige. Immer begleitet der rote Punkt den Weg, der ab hier erst so richtig romantisch wird. Ein Bächlein windet sich daneben über bemooste Steine plätschernd durch den Wald.

Nach einer Rechtsbiegung taucht die Straße nach Weil im Schönbuch auf, die einzige, die man auf dieser Wanderung queren muß. Links am Hang liegt der Reitstall Schönbuch, unten im Tal das Hochwasser-Rückhaltebecken Segelbach. Es dient dazu, Überschwemmungen zu verhindern und Hochwasser geordnet abfließen zu lassen. Schwimmen, Bootfahren oder Surfen ist untersagt. Hier wechselt zugleich die Markierung. Mit dem *blauen Punkt* als Zeichen geht es weiter.

Gleich nach einer Rechtsbiegung taucht die *Totenbachmühle* auf. Ihr Betrieb wurde 1960 eingestellt. Seither wird sie ausschließlich privat genutzt. Man kann sie daher getrost „links liegen lassen“ und geradeaus weiter in Richtung Obere Raumühle weitergehen. Durch schönen Wald in wechselnder Artenzusammensetzung führt dieser ausnehmend gut und zuverlässig bezeichnete Weg, der am Waldrand in der Mitte zwischen beiden Mühlen endet.

Wer einkehren will, kann dies in der *Oberen Raumühle* (griechische Speisen, kein Ruhetag, durchgehend offen) tun. Der eigentliche Weg dagegen, ab hier mit einem *blauen Kreuz auf weißem Grund* bezeichnet, führt oberhalb der Unteren Raumühle am Waldrand entlang. Auf knapp der Hälfte des Wegs nach Waldenbuch findet sich erneut ein Grillplatz mit Tischen und Bänken. Dieser verfügt über einen Parkplatz und ist von der Straße Richtung Schönaich aus anzufahren. Zum letzten Mal wechselt hier die Markierung. Mit dem *blauen Punkt* ist die letzte Mühle dieser Wanderung bald darauf erreicht: die *Obere Sägmühle*, die noch heute als Drechslerei und Holzwarenfabrik arbeitet. Von ihr wird berichtet, sie habe sogar schon zum Bau des Waldenbucher

Wasserspielereien am Marktbrunnen

Schlosses Holz geliefert. Allerletzte Station vor Erreichen der ersten Häuser Waldenbuchs ist der *Rohrwiesensee*. Zwar verfügt seine Randzone ebenfalls über eine Feuerstelle. Doch weil er als Fischwasser und Angelsee genutzt wird, Baden, Bootfahren und Steinewerfen untersagt ist, sind Familien vielleicht besser beraten, wenn sie an einer der übrigen Feuerstellen grillen.

Unübersehbar schiebt sich nun die *Schokoladenfabrik Ritter* ins Blickfeld. Führungen finden hier statt, doch nur für angemeldete Gruppen oder Schulklassen. Es bedarf aber einiger Geduld, die Wartezeiten von der Anmeldung einer Gruppe bis zur Führung betragen sieben und mehr Monate.

Beim Anblick vom Waldenbucher Schloß ist das Ziel nahe. Beim Brunnen am Gasthof Linde zweigt links noch ein Weg ab. Auf ihm gelangt man rasch, abseits der Straße, hinab zum Zentrum. Wer die Wanderung mit einer Einkehr abschließen will, findet reichlich gute Möglichkeiten vor, erwähnt sei deshalb nur, daß es im „Café am Markt" (Montag Ruhetag) herrliche Kuchen und Torten gibt.

▷ *Wie kommt man hin:*
Per Auto: auf der alten B 27 in Richtung Tübingen;
per Bus: mit der Linie DB 7600 Stuttgart-Echterdingen-Waldenbuch-Tübingen;
mit der Linie DB 7974 Sindelfingen-Böblingen-Waldenbuch;
mit der Linie SSB 86 Leinfelden-Rohr-Vaihingen;
per Rad: nach Obereichen (S-Bahn) durch das Siebenmühlental.

○ *Länge der Wanderung:* ca. 8 km

✻ Museum für Volkskultur in Württemberg (im Schloß Waldenbuch)

Geöffnet:	Dienstag bis Samstag	10.00 Uhr – 17.00 Uhr
	Sonntag	10.00 Uhr – 18.00 Uhr
Eintritt:	frei	

□ *Kartenempfehlung:*
L 7320 Stuttgart Süd 1 : 50 000

Wo der Schönbuch auch für Radler mit am schönsten ist 12

Im Schaichtal und dessen Umgebung

Der Naturpark Schönbuch ist ein großes, geschlossenes Waldgebiet, rund 25 km südlich von Stuttgart gelegen. Ursprünglich gehörte es zum Besitz der Pfalzgrafen von Tübingen und des von ihnen gegründeten Klosters Bebenhausen und diente der Jagd und der Holznutzung. Erst ab Mitte der fünfziger Jahre, als der Bedarf an Naherholungsgebieten zunahm, wurde auch der Schönbuch intensiv als Spazier- und Wandergebiet erschlossen und die Holzproduktion dieser nun vorrangigen Aufgabe untergeordnet.

Zu den landschaftlich reizvollsten Gebieten des Schönbuchs zählt das Schaichtal zwischen Dettenhausen und Neuenhaus, wobei die Schönheit gerade des westlichen und mittleren Schaichtals davon herrührt, daß noch keine Aufforstung der Talwiesen erfolgt ist und natürliche Bachschlingen und üppige Ufervegetation das Bild bestimmen.

Wanderer und Radler haben insbesondere von Dettenhausen aus Gelegenheit zu abwechslungsreichen und wegen der wenigen Steigungen kaum anstrengende Rundtouren. Als Ausgangspunkt für Unternehmungen eignet sich Dettenhausen, aber auch wegen seiner guten Erreichbarkeit, seinen zahlreichen Einkehrmöglichkeiten und nicht zuletzt wegen seines eben erst neu eingerichteten Schönbuchmuseums, das man sich keinesfalls entgehen lassen sollte.

Durch die folgende Wegbeschreibung dürfen sich aber nicht nur Wanderer, sondern auch Radfahrer angesprochen fühlen. Geübte Radler erhalten darüber hinaus Hinweise, wie sie diese Radtour problemlos zur größeren Runde ausdehnen können.

Ausgangspunkt aller Touren ist der *Wanderparkplatz Sauwasen* am Waldrand oberhalb der Tennisanlage Dettenhausens. Von dort geht es zunächst ein Stück zurück, am Rand des Gewerbegebiets entlang dem *blauen Kreuz* nach, rechts in den Wald. Auf dem „Schwarzhauweg", einem festen Waldweg, der, sacht ansteigend, gut zu fahren ist, gelangt man über eine große Wegkreuzung hinweg, an einer Grillhütte vorbei, bis hinauf auf die Höhe. Am Waldrand, beim „Albblick", wendet man sich nach links. Am Waldrand entlang hat man von diesem Höhenweg aus einen herrlichen Panoramablick rechts hinüber zur Achalm und den Ketten der Alb bis nach Reutlingen. Halblinks voraus liegt Waldorf, dahinter Häslach. Auch der Schaichbergturm ist bereits zu erkennen. Auf halber Strecke, der kurz vor Häslach gelegenen Sulzeiche, bietet sich – als 200 m weiter Abstecher – Gelegenheit zur Einkehr im Restaurant/ Café „Ferienheim“ (Donnerstag Ruhetag; mit Terrasse, kleinem Kinderspielplatz und Minigolfplatz; Eintritt Minigolfplatz: Kinder DM 2,00, Erwachsene DM 2,50). Der Weg an sich führt geradeaus weiter, geht dann in einer Rechtsbiegung, nun asphaltiert, bergab und quert über eine Brücke die neue B 27 nach Tübingen. Unten in der Senke vor der Brücke steht links die beeindruckende riesige alte Sulzeiche.

Für Radler der kleinen Radtour gilt es hier, sich über den weiteren Routenverlauf klarzuwerden. Der Weg ins Schaichtal am Schaichbergturm vorbei ist steil, holprig und für Räder ungeeignet. Zwischen zwei Möglichkeiten muß man sich nun entscheiden: erstens, entweder schon hier bei der Sulzeiche ins Schaichtal hinabzufahren oder aber Schaichbergturm und Häslach als Abstecher aufzufassen, danach hierher zurückzukehren und dann ebenfalls ins Schaichtal zu radeln. Letzteres wäre ein guter Kompromiß, z. B. für alle, die in Häslach einkehren oder den Turm besteigen wollen. (Radfahrer, die die große Runde machen, die nachher noch beschrieben wird, müssen sowieso durch Häslach.)

Am Etappenziel Sulzeiche (an der momentan keine Feuerstelle mehr vorhanden ist) wechselt das Zeichen zum *blauen Punkt*. Ihm nach gelangt man am Vereinsheim des TV Häslach 05 e. V. vorbei geradeaus weiter in den recht hübschen Ort **Häslach** hinein. An der Kirche wechselt erneut das Zeichen. Dem *blauen Strich* nach zweigt man nach links zum **Schaichbergturm** ab, einem öffentlich zugänglichen Wasserturm. 109 Stufen führen zur Aussichtsplattform, wo man an klaren Tagen die weite Sicht bis hin zum Schwarzwald genießen kann. Aber auch an weniger idealen Tagen lohnt es sich, den Blick von dort oben über die Wälder des Schönbuchs und über das Schaichtal schweifen zu lassen, in das man nun selbst hinabsteigt, bis zu den vielleicht vor kurzem erst besuchten Kaiserbergen (siehe Kapitel 25) oder dem vorgeschobenen Uhlbergturm, der selbst das Ziel einer reizvollen Wanderung ist (siehe Kapitel 9).

Radler, die sich die **große Tour** vorgenommen haben, müssen zurück nach Häslach bis zur Abzweigung zum Turm, von dort geradeaus weiter bis an den Ortsrand. Hier rechts in Richtung B 297. Der Radweg verläuft ab hier bis Schlaitdorf parallel zur Bundesstraße. In Schlaitdorf gelangt man (in der Rechtskurve) geradeaus weiter über die Nürtinger und Aicher Straße auf den nach Aichtal führenden Radweg (mit der *Ziffer 3*). Von Aichtal fährt

Von der Sulzeiche bergab nach Häslach laufen die Räder von selbst

man weiter nach Neuenhaus der Aich entlang und folgt dem Schild *"Neuenhaus, Schönbuch, Schaichtal"*, bis das Sträßchen in den „Schaichtalweg“ einmündet.

Wanderer bleiben am Turm geradeaus, passieren die neue B 27 durch eine Unterführung, steigen dann den teils holprigen, teils wieder gut begehbaren Weg direkt ins Schaichtal zum schön gelegenen Grill- und Rastplatz am Heilbrunnen, einer gefaßten Quelle, hinab. Über die große Brücke rechts und gleich danach links erreicht man den ebenfalls nach links einzuschlagenden *"Schaichtalweg"* mit dem *blauen Punkt* als Zeichen.

Hier treffen die Radler der großen Tour wieder auf die gemeinsame Route; Radler der kleinen Tour, die den Weg bergab über die Sulzeiche nahmen, stoßen einen knappen halben Kilometer weiter dazu.

Gepflegte Talwiesen wechseln sich mit größeren und kleineren Seen, Teichen und Tümpeln ab, die als Biotope für allerlei Tiere die an sich schon feuchte Talsohle nutzen.

An einer kleinen Grillstelle vorbei führt der Weg konstant geradeaus, eigentlich bis mitten hinein nach Dettenhausen. Für diejenigen, die jedoch das Auto oben am Wanderparkplatz geparkt haben, gibt es eine lohnende Alternative. An einer Hütte – sie ist zugleich die letzte Gelegenheit , im Schaichtal zu rasten, zu spielen oder zu grillen – weist eine Raute mit der *Ziffer 22* den Zugang zum mäßig ansteigenden „Traufweg“, der Dettenhausen rechts liegenlassend, zurück zum Ausgangspunkt führt.

Das ganz neu errichtete **Schönbuchmuseum** in der restaurierten Pfarrscheuer sollte man unbedingt besuchen, auch wenn eventuell bis zu seiner Öffnung (jeweils um 14.00 Uhr) eine gewisse Wartezeit überbrückt werden müßte. Einkehrmöglichkeiten, um die Zeit zu verkürzen, gibt es in Dettenhausen genug.

Der Untertitel zum Museum lautet: „Stein – Wald – Jagd“. Zum Thema Wald ist im obersten Stockwerk eine informative Austellung zu sehen. Etwas ältere Kinder sind eingeladen, anhand eines Kreuzworträtsels ihr neuerworbenes Wissen zu testen.

Das Herzstück des neuen Museums aber ist die Ausstellung über die Gewinnung und Verarbeitung des heimischen Stubensandsteins. Das Schaichtal war früher ein ausgesprochenes Mühlsteingebiet. Die Steine wurden hier abgebaut und größtenteils gleich draußen zu Mühlsteinen behauen, ehe sie über Plochingen bis in die Schweiz exportiert wurden. Wegen ihres kiesligen Bindemittels nutzen sie sich nämlich langsamer ab als andere Mühlsteine und waren gerade deshalb besonders begehrt. Gezeigt wird im Museum vor allem, welch schwere Arbeit das war. Drei bis vier Stunden mußte man rechnen, bis ein einziger Keil von Hand in den Fels geklopft war, vier bis fünf solcher Keile brauchte man, um einen Stein in der Größe eines Mühlrades herauszubrechen, drei bis vier Tage dauerte seine Herstellung insgesamt. Erwachsene und teilweise auch Kinder arbeiteten ohne Augen- und Mundschutz gegen mageres Entgelt, wie die Lohntüten zeigen. Vier Leute tun im Wechsel Dienst als Aufsicht. Wer Glück hat, trifft auf Herrn Hagmeier, der in der zweiten Generation selbst als Steinhauer arbeitete. Er erzählt sehr lebendig, wie die Zeiten damals waren, als er anfing, und wie sich vieles änderte, als nach und nach die Technik auch in diesen Beruf einzog.

Wer sich frühzeitig über sein Wochenendausflugsziel im klaren war und sich angemeldet hat, kann gleich um die Ecke hinterm Museum auch noch das **"Kathreehäusle"** besuchen. Klein, fast wie ein Puppenhaus, steht es samt dem alten Mobiliar seit 1839/40 in der Kirchstraße 15, wo es bis in die fünfziger Jahre des 20. Jahrhunderts alleinstehenden Tagelöhnern, Schustern, Maurern oder Waldarbeitern ein Zuhause gab.

▷ *Wie kommt man hin?*
Alte B 27 Richtung Tübingen über Waldenbuch nach Dettenhausen, am Ortsende links, ins Industriegebiet „Sauwasen“, dort gleich wieder rechts; an der Tennisanlage liegt der Wanderparkplatz „Sauwasen“.

○ *Länge der Wander-/Radtouren:*
Wanderung (über Sulzeiche, Schaichbergturm, Häslach): 15 km
Kleine Radtour (über Sulzeiche, mittleres und westliches Schaichtal): 15 km
Große Radtour (über Sulzeiche, Häslach, Schlaitdorf, Aichtal, Neuenhaus, das ganze Schaichtal hinunter) 24 km

✻ Schaichbergturm in Waldorfhäslach, Ortsteil Häslach
Auskünfte: Telefon 0 71 27/3 23 80 (bei Herrn Kümmerle privat)
oder 0 71 27/3 10 55 in der Turmgaststätte
Geöffnet: nur an Sonntagen, wie auch die Turmgaststätte selbst, in der der Schlüssel geholt werden muß, von 9.00 bis 21.00/22.00 Uhr
Für den Schlüssel muß ein Pfand hinterlegt werden. Er kann aber auch nach Voranmeldung werktags bei der Gemeindeverwaltung (Telefon 0 71 27/3 13 56) geholt werden.
Eintritt: Kinder DM 0,20, Erwachsene DM 0,50

✻ Schönbuchmuseum (Stein – Wald – Jagd) in Dettenhausen
Auskünfte: Telefon 0 71 57/1 26-0 (Gemeinde Dettenhausen) oder 0 70 71/6 02-0 (Forstdirektion Tübingen)

▷ *Wie kommt man hin:*
Von der Ortsmitte Dettenhausen, Schulstraße, in Richtung Kirche links die Störrenstraße hinein bis zur Ringstraße, dort gibt es auch einen Parkplatz „Museum".
Geöffnet: 1. April bis 31. Dezember:
Samstag, Sonntag
und Feiertag 14.00 – 18.00 Uhr
Eintritt: Erwachsene DM 3,00, Kinder DM 1,00
Führungen nach Vereinbarung,
Katalog DM 15,00

✻ Kathreehäusle, Kirchgasse 15, Dettenhausen
Auskünfte: Telefon 0 71 52/1 26-0 (Rathaus Dettenhausen) Der Besuch ist nur über telefonische Anmeldung bei Frau Helene Holl (Telefon 0 71 52/6 11 34) möglich.
Eintritt: frei

▭ *Kartenempfehlungen:*
Naturpark Schönbuch 1 : 35 000
(Landesvermessungsamt Baden-Württemberg L 7320 Stuttgart Süd 1 : 50 000)
und, weil angeschnitten, dazu
L 7520 Reutlingen 1 : 50 000
RV 11476 Stuttgart und Umgebung 1 : 75 000

Was zwitschert da? 13

Vogelkunde zum Nulltarif in Sindelfingen

Es ist kaum zu glauben, was man in und um Sindelfingen mit der Familie bei jedem Wetter und zu jeder Jahreszeit unternehmen kann. Sicher, vieles kann man auch anderswo tun. Menschen jeden Alters aber, die Freude daran haben, Vögel zu beobachten, finden so schnell nicht Vergleichbares. Für sie ist der Freizeitpark am Goldbach ideal, wo der Verein für Geflügel- und Vogelfreunde seine Volieren hat und wo man allerlei Gefiederte sehen, hören und bestaunen kann. In die Schule sollte man schon gehen, wenn man mehr über sie erfahren will. Dann kann man im Vogelschutz-Informationszentrum (beim Badezentrum) viel Interessantes erfahren. Es gibt hier vor allem Tips und Anleitung, wie man selbst aktiv zum Vogelschutz beitragen kann, wie Kinder (und Erwachsene) Nisthilfen für Vögel und Insekten bauen können.

Einmal nur am östlichen Ende des Parkplatzes am Breuningerland über die Straße, und schon ist man mitten drin: nicht nur im **Freizeitpark Goldbachtal**, sondern auch in der **Kleintieranlage des Vereins für Geflügel- und Vogelfreunde Sindelfingen e. V.** Wer hätte gedacht, daß zwischen Straßen- und Häuserbauten so eine Idylle versteckt ist? Viele, die nur zum Einkaufen kommen, sind vielleicht schon jahrelang daran vorbeigegangen, ohne sie zu bemerken. Mittendurch fließt schilfgesäumt und weidenbestanden der Goldbach. Daneben sind Teiche angelegt, auf denen freilebende Enten schwimmen, einer ist umzäunt und von Kranichen und einem Pfau bewohnt. Drumherum reihen sich die Volieren. Da pfeift's und zwitschert's nur so. Auch einen Stubengefährten kaufen kann man sich hier, nestjunge Wellen- und Nymphensittiche zum Beispiel. Aber auch Enten, Hühner, Gänse oder Fasane werden gezüchtet. Ein Stück weiter ist ein großer See angelegt, auf dem Enten und ein paar Schwäne schwimmen. Daß man Vögel in Volieren nicht füttert, ist ja selbstverständlich, aber auch allen Freilebenden sollte man kein Brot mitbringen. Warum, steht auf Schildern am See:

Allzuviel ist ungesund,
wir Enten werden kugelrund.
Reste, die im Wasser bleiben
und den Sauerstoff vertreiben,
schaden Fischen und dem Leben,
also bitte, nichts mehr geben.

Kinder bauen Nisthilfen

Am See liegen außerdem die *Gaststätte Goldbachsee* (Montag Ruhetag, Terrasse) und *zwei Spielplätze*. Einer ist für kleinere Kinder sehr hübsch in Form einer Burg mit Palisaden, Türmen, einer Hängebrücke, sowie verschiedenen anderen Spielgeräten angelegt. Der andere verfügt über eine Rampe für Skateboardfahrer, Tischtennisplatten, eine Feuerstelle und verschiedene Reifenschaukeln.

Ein Stück bachaufwärts gibt es sogar noch einen Abenteuerspielplatz, der zum Jugendhaus Süd gehört und an Werktagen nachmittags (13.30 bis 18.00 Uhr) betreut wird.

All dies wird überragt vom 51 m hohen *Goldberg-Wasserturm*, der von Aussichtsplattform und Turmcafe aus zu einer Umschau auf die Stadt und ihre Umgebung einlädt und von hier unten rasch und gut zu Fuß zu erreichen ist.

Wer mehr über Vögel erfahren will, sollte sich in einen der Stadtbusse setzten und zum **Vogelschutz-Informationszentrum** (beim Badezentrum) fahren. Es ist zweigeteilt, in die immer und frei zugängliche Lehranlage, die durch einen ca. 1,5 km langen Lehrpfad nicht nur linear, sondern flächig erschlossen wird, und in das eigentliche Zentrum, in dem Materialsammlungen aller Art, Werk- und Seminarraum untergebracht sind. Eines vorab: Nicht nur einmalige Einführungsveranstaltungen, auch alle mehrteiligen Seminare und Arbeitsgruppen sind kostenlos, unabhängig davon, ob sie von Schulklassen, einzelnen interessierten Schülern oder Erwachsenen besucht werden, und auch unabhängig von deren Wohnort. Das liegt daran, daß der Grund- und Leitgedanke dieses in der Bundesrepublik einzigen kommunalen Vogelzentrums besagt, daß Artenschutz Artenkenntnis voraussetzt und die wichtigste Aufgabe daher im Vermitteln soliden Wissens darüber bestehen muß. Und hier am Rande des Sindelfinger Stadtwaldes können Theorie und Praxis ideal miteinander verbunden werden. Zumal – als seltener Glücksfall – alle Waldformen, vom Trockenhangwald bis zum Auenwald, unmittelbar beieinander sind. Auch Tierzeichen und -spurenkunde wird betrieben: Spuren werden gesucht, bestimmt, ausgegossen, so daß, wer daran Freude hat, am Ende eine eigene Spurensammlung nach Hause tragen kann. Andere interessieren sich vielleicht eher für Vogelschutz im Forst, in Haus und Garten und wollen lieber lernen, für Vögel und die für sie lebensnotwendigen Insekten Nisthilfen zu bauen. Und wieder andere wollen vielleicht nur Vögel und Vogelstimmen bestimmen lernen. Für sie sind Bänder mit Vogelstimmen archiviert, stehen Eier, Gelege, Präparate für die Theorie im Zentrum zur Verfügung, die den Sprung in die Praxis, draußen im Revier, erleichtern. Man muß sich nämlich im klaren sein, daß freilebende Vögel eben nicht immer an den erwarteten Stellen anzutreffen sind, und selbst dann, wenn man sie hört, zeigen sie sich nicht immer. Andererseits soll gerade dies niemand davon abhalten, sich allein im Lehrrevier zu bewegen, denn die vom Leiter des Zentrums, Herrn Gabler, von Hand gemalten, farbigen Tafeln sind so informativ, daß man in jedem Fall neue und interessante Informationen erhält. Und weil es hier, rechts vom Haupteingang des Badezentrums, im Hangwald oberhalb des Sommerhofenbachs außerdem für jedermann hübsch und gut zu gehen ist, darf man nicht versäumen, einmal herzukommen.

Übrigens sollte man, wenn man sowieso hier ist und noch Zeit dazu hat, unbedingt auch dieses bestausgestattete, aus Frei- und

Hallenbadbereich bestehende **Badezentrum** besuchen, das wohl kaum einen Wunsch offenlassen wird.

Und noch ein Tip. Besonders für all diejenigen, die von außerhalb hierher zu einem Tagesausflug kommen. Kinder haben hier, sommers wie winters, weitere Möglichkeiten. Auf der gegenüberliegenden Straßenseite zum Parkplatz am Badezentrum geht nach halblinks ein breiter asphaltierter Weg mit einem *kleinen schwarzen Reh auf weißem Grund* als Wegmarkierung ab, der geradeaus eben (Achtung! Ein ebenso markierter Weg führt im Wald auch nach rechts hangaufwärts) in den Wald zu gehen ist. Schon nach ca. 100 m auf dem „Winterhaldensträßchen" erreicht man den *Waldgrill- und Spielplatz Winterhaldenhütte.* Links und rechts davon liegen Sprungschanze und Skihang. Da es hier jedoch keinen Lift gibt, der Hang zwar recht schön, aber kurz ist, werden nur kleinere Kinder ihre Freude daran haben. Wer Lust zu einer kleinen, hübschen Wanderung bekommt, geht einfach noch ein Stück geradeaus weiter und den zweiten Weg nach der Grillhütte rechts, halblinks bergauf. Kaum zu glauben, daß man sich in direkter Nähe einer Stadt befindet. Schon wenig später scheint einen völlige Waldeinsamkeit zu umgeben. Oben auf der Höhe wendet man sich scharf nach rechts auf die alte Vaihinger Straße (einem breiten Waldweg). Erst ca. 50 m nach dem Wanderparkplatz am (nicht zugänglichen Wasserturm) biegt man nach rechts zum *SWV-Vereinsheim*, einer öffentlichen Gaststätte ab (Montag Ruhetag, Werktag nachmittags geöffnet). Im Winter erwartet Kinder hier ein weiteres und letztes Bonbon, eine Rodelbahn mit angedeuteter Rinne und Kurve. Unten geht es geradeaus, ein kurzes Stück nur noch bis zur Straße, und dann rechts zurück zum Ausgangspunkt.

▷ *Wie kommt man hin:*
Zum Freizeitpark am Goldbach S-Bahn S 1 bis Goldberg, Stadtbus Linie Eichholz, Badezentrum oder Buslinie 84 über Büsnau, Sindelfingen Busbahnhof, Haltestelle Pfarrwiesenallee, dann in 20 Minuten zu Fuß durch die Hohenzollernstraße; oder Buslinie 702 ZOB Sindelfingen oder ZOB Böblingen (S-Bahn), Haltestelle Badezentrum.

○ *Länge der Spaziergänge/Wanderungen:*
Goldbachtal: beliebiger Spaziergang
Vogellehrpfad: ca. 1,5 km
Wanderung: ca. 4,5 km

✻ Goldbergwasserturm:
Zugang und Eintritt über Restaurant/Café Goldberg, daher an dessen Öffnungszeiten gebunden.
Auskünfte: Telefon 0 70 31/87 12 83
Eintritt: Kinder DM 0,30, Erwachsene DM 0,50

✻ Verein der Geflügel- und Vogelfreunde Sindelfingen e. V.
Auskünfte: Telefon 0 70 31/87 57 16

Die Volieren liegen rund um einen öffentlichen, frei zugänglichen Park und sind von dort einsehbar.

✻ Vogelschutz-Informationszentrum
Auskünfte: Telefon 0 70 31/86 02 33
(auch zu allen Naturschutzfragen übrigens)
Anmeldung zur einmaligen, kostenfreien Informationsveranstaltung (Einführung, Dia-Vortrag, Rundgang im Revier) ab 5 Personen aufwärts; Dauer der Veranstaltung ca. 1,5 bis 2 Stunden. Veranstaltungen im Rahmen von Projekttagen, Seminaren, Langzeitkursen ebenfalls auf Anfrage und Anmeldung; kostenfrei.

✻ Badezentrum:

Auskünfte:	Sport- und Bäderamt Sindelfingen, Telefon: 0 70 31/86 02 16	
Geöffnet:	Samstag, Sonntag	7.00 – 18.00 Uhr
	Montag	14.00 – 20.00 Uhr
	Dienstag	6.30 – 22.00 Uhr
	Mittwoch bis Freitag	6.30 – 20.00 Uhr
Eintritt:	(Auszug Einzelkarte) Kinder/Ermäßigte DM 3,00, Erwachsene DM 5,00 (Kinder bis 5 Jahre frei; unbegrenzte Badezeit)	

☐ *Kartenempfehlung:*
L 7320 Stuttgart Süd 1 : 50 000

Für den Ausflug selbst sind keine Karten erforderlich. Wer sich jedoch über andere Angebote in und um Sindelfingen informieren will, dem sei folgendes empfohlen: die Freizeitkarte Böblingen/Sindelfingen mit Radwegen und anderen wichtigen Angaben über Freizeitangebote. Info: Verkehrsamt, Telefon 0 70 31/61 01-3 22

Wenn Weil der Stadts Sterngucker Lust aufs Selbergucken macht . . .

14

Weil der Stadts berühmter Sterngucker, das ist Johannes Kepler. Auf seine Leistungen als Astronom ist später noch einzugehen. Nur soviel voraus: In seine Lebenszeit fällt die Entdeckung des Fernrohrs, dessen Eignung zur Beobachtung von Mond, Sternen und Planeten Galileo Galilei als erster erkannte. Im Keplermuseum am Marktplatz ist das erstaunlich winzige Fernrohr Keplers ausgestellt, mit dem er seine großen Entdeckungen machen konnte. Und wer davon Lust bekommt, sich einmal selbst den Himmel anzusehen, hat dazu in Stuttgart ideale Gelegenheiten: im Planetarium und auf der Sternwarte. Doch weil Weil der Stadt mit seinem gut erhaltenen mittelalterlichen Stadtkern eine so hübsche Stadt ist und auch die unmittelbare Umgebung sich für eine schöne kleine Wanderung eignet, wäre es schade, nur zu einem Museumsbesuch hierher zu fahren.

Weil der Stadts Geschichte reicht weit zurück. Sein Name leitet sich vermutlich von „Villa", d. h. einem römischen Gutshof ab, der an dieser Stelle stand. Die erste Erwähnung findet sich in einer Urkunde des Klosters Hirsau. Bereits im frühen 13. Jahrhundert wurde es durch den Stauferkaiser Friedrich II. zur Stadt erhoben und mit einer Mauer umgeben. 30 Jahre später, unter König Rudolf I. von Habsburg, wurde sie sogar freie Reichsstadt, ein Status, den sie über 500 Jahre lang wahren konnte. Den Befestigungen, die von dieser stolzen Zeit zeugen, konnten weder Krieg, Reformation oder Stadtbrand etwas anhaben.

Will man den Ausflug nach Weil der Stadt jedoch mit der vorgeschlagenen kleinen Wanderung verbinden, ist es gut, zunächst noch nicht in die Stadt hineinzugehen. Stattdessen sollte man unter der Bahnlinie hindurch Richtung Industriegebiet gehen. Gleich nach dieser Unterführung taucht als wegweisendes Zeichen die *blaugelbe Raute* auf. Ihr folgt man nach, erst rechts, dann links zwischen zwei Fabrikgebäuden hindurch. Schon sieht man die grünweiß-dreieckige Naturschutztafel und das Gelände **"Merklinger Ried"** nimmt seinen Anfang. Am moorigen Sumpf- und Feuchtgebiet entlang führt ein Weg, von dem aus sich bereits viele Vögel beobachten lassen. Am besten sieht man sie vom Beobachtungsstand aus, der sich etwa auf halber Strecke befindet.

Farbtafeln geben dort zugleich Auskunft über das, was da pfeift, schnattert oder zwitschert. Es ist ein richtiges Vogelparadies mit vielen seltenen Arten – und lustigen Namen wie „Tüpfelsumpfhuhn" oder „Trauerfliegenschnepper".

An der nächsten Wegkreuzung, am Ende des rechtsliegenden Naturschutzgebietes, hält man sich weiterhin geradeaus. So kommt man geradewegs auf **Merklingen** zu, das seit 1972 Weil der Stadt zugehörig ist.

Am Ortseingang links liegt ein öffentlicher Spielplatz, der aber keine längeren Aufenthalte lohnt. Ohne auf Straßennamen achten zu müssen, gelangt man, immer geradeaus, ins Innere des Ortes. Ein Gang, den man nicht auslassen sollte. Merklingen besitzt nämlich eine *Kirchenburg*, also eine noch befestigtere Variante der Wehrkirche, sogar eine der größten Württembergs. Wehrkirchen finden sich häufig (siehe auch Kapitel 16 und Kapitel 24) in Württemberg. Sie dienten dazu, in Kriegszeiten den Bewohnern des Ortes und der Umgebung Schutz zu bieten. Alle waren deshalb mehr oder weniger befestigt. Hier in Merklingen bestand sogar ein umlaufender Graben, wobei der Zugang zur Kirchenfestung wie bei einer Burg durch die hochgezogene Zugbrücke verhindert wurde. 1983 wurde die Mauer an der Straßenseite neu errichtet und der Graben wieder freigelegt, so daß das Ganze fast so eindrucksvoll wie damals wirkt. Das große Steinhaus daneben, das im 14. Jahrhundert als Burg des ortsansässigen Ortsadels gebaut worden war, wurde bald schon als Speicher und Trockenboden genutzt. Heute steht es leer, ist aber zur Renovierung vorgesehen.
Hat man den Umgang um diese sehenswerte Gebäudegruppe beendet, die über Vordere Straße, Schopfgasse und Kirchgrabenstraße erreicht wurde, folgt man gegenüber der Holzbrücke den alten Zeichen weiter nach. Es sei denn, man will vorher einkehren. Möglichkeiten dazu gibt es genug.

Links, in *Richtung Friedhof*, muß man ein allerdings überschaubares Stück steil bergauf gehen. Dafür hat man, rückwärts gewandt, einen hübschen Blick über Merklingen.

Ist die Höhe erreicht, geht es fast eben durch einen schönen Wald mit viel grünem Boden und reichlich Unterholz weiter. Am Schützenhaus und der gleichnamigen Gaststätte bietet sich – mit Terrasse und Spielmöglichkeiten – wieder Gelegenheit zur Rast (Montag, Dienstag, Donnerstag sind Ruhetage). Wer weiter will, muß sich links halten. Schon 200 m weiter, beim *Wanderparkplatz Schützenhaus*, ist eine Spiel- und Liegewiese zu finden, mit Spielhaus und Schaukeln. An ihr entlang und weiter durch den Wald führt ein bequemer Weg bis oberhalb Weil der Stadts. Ohne Umschweife geht es nun bergab, mitten hinein in den alten Orts-

Der Spielplatz am Rabenturm

kern, den man unten über eine die Bahnlinie überführende Brücke erreicht. In der von hier aus gesehen rechten Hälfte liegen das Rathaus, Keplerdenkmal und Keplermuseum, dazu ein Heimatmuseum, die Marktbrunnen und die imposante Stadtkirche St. Peter und Paul.

Vom Marktplatz aus beginnt man den Stadtrundgang am besten am Rathaus vorbei, die Stuttgarter Straße entlang, und gelangt so in den Teil der Stadt, in dem entlang der Würm noch weitgehend die alten Maueranlagen und Häuser erhalten sind.

Am Ende der Hermann-Schnaufer-Straße passiert man den *Rabenturm*. Auf dem Brühlweg, außen an der Befestigung vorbei, gelangt man zu einem wunderschönen *Spielplatz*, der direkt unter der Mauer beginnt und sich bis gegen den Sailerturm hin erstreckt. Auch nach außen zu ist es interessant: Koppeln mit Ponys und Pferden säumen den Weg.

Ein kleines Tor zwischen Rutsche und Spielplatz führt zurück zur Stuttgarter Straße und von dort direkt in die Spitalgasse. So kommt man geradewegs auf den *Roten Turm* zu, den nordöstlichen Eckpunkt der Stadtbefestigung, in den man früher Schwerverbrecher einsperrte.

Parallel zur Mauer geht man abschließend die Plangasse nach links und verläßt Weil der Stadt durch das 1822 zu Ehren König Wilhelms I. errichtete *"Königstor"* die Stadt. Nachdem man die verkehrsreiche Paul-Reusch-Straße überquert und die Jahnstraße und den Schießrainweg entlanggegangen ist, erreicht man in wenigen Minuten wieder den Ausgangspunkt S-Bahnhof.

Wenn man in Weil der Stadt ist, sollte man unbedingt das **Kepler-Museum** besuchen. Johannes Kepler (1571 – 1630), der in Weil der Stadt geboren wurde, legte mit seinen Sternbeobachtungen nicht nur den Grundstein für die moderne Raumfahrt, er machte sich sogar bereits Gedanken darüber, wie man zum Mond fliegen könnte – und das schon vor fast 400 Jahren! Durch reine Beobachtung hatte er damals schon die Erscheinungen im Weltall erkannt, und zwar nicht nach ihren Ursachen, sondern nach ihrer Wirkung. Im Museum ist das Modell zu sehen, das die sogenannten Keplerschen Gesetze beschreibt. Daß er damit nicht ganz ungefährlich lebte, zeigt ein Zitat aus seinen Schriften: „Heilig ist Laktanz, der die Kugelgestalt der Erde leugnete, heilig Augustinus, der die Kugelgestalt zugab, aber die Antipoden leugnete, heilig das Officium unserer Tage, das die Kleinheit der Erde zugibt, aber ihre Bewegung leugnet, aber heiliger ist mir die Wahrheit, wenn ich bei aller Ehrfurcht vor den Kirchenlehrern aus der Wissenschaft beweise, daß die Erde rund, ringsum von Antipoden bewohnt, ganz unbedeutend und klein ist und auch durch die Gestirne hineilt." (J. Kepler aus „Astronomia Nova", 1609).

Für jüngere Kinder sind sicher die Instrumente, die ihm zur Verfügung standen, interessanter. Daß er mit ihnen diese Entdekkung machen konnte, erstaunt sogar gestandene Wissenschaftler noch heute.

Wer nun Lust auf Selbergucken bekommen hat, sollte sich in Stuttgart die dafür besonders guten Möglichkeiten nicht entgehen lassen: Es gibt nämlich, was viele immer noch nicht wissen, sowohl ein Planetarium als auch eine Sternwarte.

Die **Sternwarte** ist ein ganz besonderes Erlebnis. Hier wird gezeigt, was man von der Uhlandshöhe aus am Sternenhimmel erkennen kann. Deshalb ist sie auch an den vorgesehenen Führungstagen nur bei klarem Wetter geöffnet. Man gelangt über eine Treppe in den Kuppelraum, der nach oben hin eine Öffnung hat, die sich mitsamt der Kuppel in Richtung des zu beobachtenden Objekts dreht. Das Fernrohr ist riesig und füllt die Mitte des Raums. Hier werden nach und nach verschiedene Objekte eingestellt und auch für Laien gut verständlich erklärt. Dann darf jeder -auch öfter, wenn er will – ins Weltall „linsen“: zum Planeten Jupiter, zu den Doppelsonnen Kastor im Sternbild Gemini, zu „Sternhaufen“, d. h. ganzen Ansammlungen mit Dutzenden, Hunderten oder gar Tausenden von Sternen, die oft ebensoviele Lichtjahre entfernt sind. Sogar fünf- bis sechsjährige Kinder sind vom Blick durchs Fernrohr fasziniert, halten aber vielleicht nicht die ganze Führung durch. Aber auch das gibt keine Probleme, jeder bleibt, solange er mag.

Etwas ganz anderes dagegen ist das **Planetarium** im Mittleren Schloßgarten. Denn bei einem Besuch im Planetarium schaut man nicht ins Weltall, auch wenn man sich direkt unter einen echten Sternenhimmel versetzt glaubt. Vielmehr reist man eine dreiviertel Stunde lang, in bequemen Sesseln zurückgelehnt, mittels einer computergesteuerten, raffiniert ausgeklügelten Zeitmaschine durch Raum und Zeit. Je nach Themenstellung kann alles gezeigt, alles simuliert werden. Um nur ein Beispiel zu nennen: In Stuttgart wird am 11. August 1999 eine totale Sonnenfinsternis zu verfolgen sein, die im Planetarium beliebig oft vorgeführt werden kann. Es zeigt aber auch Sterne und Sternbilder fremder Erdteile, die über Deutschland nie zu sehen sind. Selbst Mond- und sogar Marslandungen werden simuliert, wobei Raumfahrteffekte den Besuchern den Eindruck vermitteln, selbst zum Mond und zu den Planeten zu fliegen.

Beides, die Sternwarte und das Planetarium, ist jedes auf seine Art ein beeindruckendes Erlebnis, das man sich nicht entgehen lassen sollte.

▷ *Wie kommt man nach Weil der Stadt?*
Mit der S-Bahn Linie S 6; mit dem Auto A 81 Stuttgart-Heilbronn bis Leonberg, dann B 295, oder A 831 Stuttgart-Bodensee bis Böblingen-Sindelfingen.

○ *Länge der Wanderung:* ca. 6 km (ohne Stadtrundgang)

□ *Kartenempfehlung:*
L 7318 Calw 1 : 50 000

✻ Keplermuseum
Auskünfte: Telefon 0 70 33/65 86
Geöffnet: Von Oktober bis Mai nur jeden 1. und 3. Sonntag im Monat, die übrige Zeit

Dienstag – Freitag	9.00 – 12.00 Uhr
und	14.00 – 16.00 Uhr
Samstag	10.00 – 12.00 Uhr
und	4.00 – 17.00 Uhr
Sonntag	11.00 – 12.00 Uhr
und	14.00 – 17.00 Uhr

Eintritt: Kinder/Jugendliche 0,50 DM
Erwachsene 1,00 DM

✻ Sternwarte Stuttgart
Auskünfte: Telefon 07 11/28 18 71
Führungen: Nur bei klarem Wetter, und zwar Montag, Mittwoch, Donnerstag, Freitag, Samstag um 20.00 Uhr,
in den Sommermonaten nach Einbruch der Dunkelheit

▷ *Wie kommt man nach Stuttgart?*
Zur Uhlandshöhe, Stuttgart Ost, zu erreichen mit der Straßenbahnlinie 15 (Haltestelle Heidehofstraße) und Bus 42 (Urachstraße) mit kleinem Spaziergang.
Eintritt: Kinder/Ermäßigte DM 2,00
Erwachsene DM 3,00

✻ Carl-Zeiss-Planetarium, Neckarstraße 47, Stuttgart 1
Auskünfte: Telefon: 07 11/1 62 92 15
Kartenservice:

Montag bis Freitag	8.00 – 12.00 Uhr
und	14.00 – 16.00 Uhr

Führungen: Kinder unter 6 Jahren dürfen an den Führungen nicht teilnehmen, nach Beginn der Vorführung ist Einlaß aus technischen Gründen nicht mehr möglich. Vorführungen finden bei jedem Wetter statt.
Dienstag – Freitag,

jeweils	10.00 Uhr und 15.00 Uhr
Mittwoch und Freitag auch	20.00 Uhr

	Samstag, Sonntag, jeweils 14.00 Uhr, 16.00 Uhr und 18.00 Uhr
Eintritt:	Kinder/Ermäßigte DM 5,00 Erwachsene DM 8,00

Besichtigen, Spielen, Wandern zwischen Gerlingen, Bärensee und Solitude 15

Sicher, den Bärensee und die Solitude erreicht man auf vielen Wegen. Wer aber einmal eine Tagestour in der näheren Umgebung machen und dabei zwei ganz besondere Museen besuchen will, der ist gut beraten, es einmal von Gerlingen aus zu tun. Und noch eins sei vorausgeschickt: es empfiehlt sich, das Auto einmal in der Garage zu lassen. Das ganze Gebiet ist nämlich sehr gut durch öffentliche Verkehrsmittel erschlossen. Sollte man sich beim Besichtigen, Spielen oder Grillen länger als ursprünglich geplant aufhalten wollen, kann die beschriebene Wanderung nahezu überall abgebrochen und an einem anderen schönen Tag fortgesetzt werden.

In Gerlingen, das zwar zum Kreis Ludwigsburg gehört, aber über Weilimdorf/Giebel gut von Stuttgart aus erreichbar ist, gibt es zwei museale Besonderheiten: das Stadtmuseum und, im alten Straßenbahndepot, das Museum „Stuttgarter historische Straßenbahnen e. V.“. Beide zeigen die Lebenswirklichkeit der „guten, alten“, noch gar nicht so lange vergangenen Zeit, die uns nichtsdestotrotz schon fast wieder exotisch anmutet.

Das **Stadtmuseum** ist in einem hübschen Fachwerkhaus im alten Ortskern Gerlingens untergebracht. Was kann man dort nicht alles bestaunen. Eine Wohnstube aus dem Kaiserreich, eine Gerlinger Küche von 1920/1930, den früheren „Frisörsalon Theobald“, den ehemaligen „Tante-Emma-Laden“ der Familie Esslinger. Es zeigt aber auch, wie mühselig Vorratshaltung vor der Erfindung von Kühl- und Gefrierschrank war. Bei soviel lebendiger Anschauung kann man nur bedauern, daß seine Öffnungszeiten noch immer recht knapp bemessen sind.

Dasselbe gilt für das zweite Gerlinger Museum, das **"Museum Stuttgarter historische Straßenbahnen e. V.“.**

Es ist nur jeden letzten Samstag im Monat zugänglich. Gezeigt werden historische Straßenbahnen von 1904 – 1965, Zubehör aus Betrieb und Technik, Fahrpläne und Fahrscheine aus allen Epochen; nicht zuletzt eine große Modell-Straßenbahnanlage, die man stilecht mit der Kurbel bedient. Für erwachsene Fans gibt's darüber hinaus Literatur, für Kinder Anstecker und Straßenbahn-Bausätze. Führungen finden jeweils zur vollen Stunde statt und dauern, je nach Interesse der Teilnehmer, meist ebenso lange. Ein

Die Modell-Straßenbahn bedient man stilecht mit der Kurbel

„schöner Zug" hier ist übrigens die mit historischen Oldtimerfahrzeugen betriebene Zubringerlinie 23, die von Stuttgart-Charlottenplatz, Rotebühlplatz, Hauptbahnhof über Stöckach, Mineralbäder, Pragsattel und Feuerbach nach Gerlingen fährt.

Das Straßenbahn-Depot ist auch Ausgangspunkt der folgenden Wanderung: Gerlingen – Schillerhöhe – Bärensee – Solitude und zurück.

Zunächst geht man rechts vom Depot die Goethestraße hoch, bis links die Brennerstraße abzweigt. Dieser folgt man bis zum Schelmengraben, dann rechts, schließlich die Gartenstraße links. Nun kann eigentlich nichts mehr schiefgehen. An der Wegkreuzung bei einer Bank geradeaus führt der Weg mäßig ansteigend durch Baumwiesen heraus aus bebautem Gebiet und in weitem Rechtsbogen auf die Höhe. Hier weist ein rotes Kreuz auf weißem Grund zur Schillerhöhe, dem man jedoch *nicht folgen* sollte. Etwas länger, aber dafür schöner und bequemer, führt der nicht markierte Stöckachweg zum selben Ziel, nämlich zur **Schillerhöhe**. Am Ende des Stöckachwegs folgen wir dem *blauen Punkt* in Richtung Leonberg, gelangen zum Parkplatz Oberer Schloßberg und kreuzen die Panoramastraße. Wen es bereits nach Einkehr verlangt, sollte jetzt den ca. 100 m langen Abstecher zum „Waldrestaurant Schillerhöhe" (Dienstag Ruhetag) in den Finkenweg machen. Alle übrigen können sich den Umweg ersparen und durch die Unterführung hindurch entlang der Panoramastraße weitergehen, bis links ein *roter Punkt* ins Glemstal abzweigt.

Bald wird der Abstand zur Straße größer. Immer auf dem Hauptweg geht es tiefer in den Wald, bis hin *zum großen Stern*, eine der großen Wegkreuzungen mit Schutzhütte und Bänken. Ab hier führt die *Bruderhausallee* immer geradeaus weiter, und wie auf dem Rücken einer Seeschlange läuft man in gleichmäßigen, nicht anstrengenden Wellen hinauf und hinab.

Erst an der Wegkreuzung des Gewandes Schinderklinge biegt man wieder einmal ab, diesmal dem Rundweg mit dem *Zeichen des Schmetterlings* nach. So gelangt man wenig später zu einer Grillhütte mit Tischen und Bänken. Links geht es nun, dem Rundwanderzeichen *Grünes Eichenblatt* nach, in wenigen Minuten zum Bärensee.

Der **Bärensee** ist, ebenso wie die beiden anderen Seen, künstlich angelegt, der Pfaffensee sogar schon 1566 durch Herzog Christoph. Aufgabe dieses Sees war es, den Mühlen im Nesenbachtal Wasser zuzuführen. Der Bärensee, 1618 von Herzog Johann Friedrich zur Wildwasserjagd angelegt, und der *Neue See* wurden

Den Bären am Bärenschlößle wollen alle einmal reiten

1826 gemeinsam von Stadt und Staat zur Trinkwasserversorgung Stuttgarts ausgebaut. Sie werden überragt vom *Bärenschlößle*, das 1817 anstelle des von Herzog Karl Eugen erbauten Lustschlosses hier errichtet wurde. In seinem Untergeschoß befindet sich heute eine Imbiß-Stube (Freitag Ruhetag, ansonsten täglich von 10.00 Uhr bis Einbruch der Dunkelheit geöffnet). Hier wird gevespert, gespielt, gerastet. Nur einen Kilometer ist es bis zum *Rot- und Schwarzwildpark*, einem lohnenden Abstecher. Sogar Kutschfahrten werden angeboten.

Die Wanderung jedoch ist damit noch lange nicht zu Ende. Sie wird fortgeführt über das Bärensträßchen in Richtung Solitude. Ein kerzengerader Weg, der trotzdem alles andere als langweilig ist. Herrlich knorrige, alte Eichen stehen am Wegrand, und zweimal gibt es wunderschöne große Grillplätze, der erste mit Spielwiese, der zweite mit ausgedehntem Spielplatz, auf dem ein hohler Kletterbaum, Schaukeln, Wippen, Rutsche und Spielgeräte aus Holz vorhanden sind. Zweimal auch, jeweils im Anschluß an einen Grillplatz, finden sich wenige, doch sehr plastische und informative Bildtafeln eines Lehrpfads zur Erkennung von Waldschäden.

Der Weg endet am Parkplatz bzw. an der Bushaltestelle Forsthaus 2 (Linie 92). Wer sich schon zu lange unterwegs aufgehalten hat, kann den Ausflug nun bequem abbrechen und ein anderes Mal fortsetzen. Alle anderen haben nur ein kleines Stück noch bis zur Solitude zu gehen. Gleich nach der Überführung über die Schnellstraße Gerlingen/Leonberg zweigt an einem zweiten Parkplatz mit *blauem Punkt* der Gerlinger Weg ab, der abseits der Straße direkt zum **Schloß Solitude** führt.

Das französische Wort Solitude steht für Einsamkeit. Einsam war es nur ganz zuerst, als sich an dieser Stelle nichts weiter als ein hübsch gelegener Platz befand, auf dem Herzog Karl Eugen während mancher Jagd zu rasten pflegte. Als er plante, hier ein zurückgezogenes Jagdschlößchen zu bauen, war es bereits mit der Ruhe vorbei. Er selbst steuerte zum Plan die Idee bei, es nach dem Vorbild Sanssoucis auszurichten. Alle übrigen, die am Hofe etwas zu sagen hatten, trugen dazu bei, daß es immer größer, pompöser und perfekter wurde. Noch bevor es fertig war, hatte der Herzog die Freude daran verloren und beschäftigte sich lieber mit dem Bau von Schloß Hohenheim. Geblieben ist auf der Solitude nicht nur das 1763 – 1767 erbaute Schloß, sondern viel seiner vorzüglichen Inneneinrichtung, die man sich schon einmal ansehen sollte. Weil jedoch Kinder an historischen Daten und Fakten weniger interessiert sind, gibt es für sie nun in einigen Schlössern (siehe auch Kapitel 17), und glücklicherweise auch in der Solitude, *Füh-*

rungen, die von Museumspädagogen eigens für Kinder zwischen 8 und 14 Jahren ausgearbeitet wurden, leider aber nur an wenigen Tagen im Jahr. Eine Anmeldung unter der nachfolgend aufgeführten Telefonnummer ist daher dringend erforderlich.

Hungrige und Durstige können einkehren, doch zur Zeit nur im provisorischen Schloßstübchen, weil zur Zeit an den Nebengebäuden renoviert wird.

Müde haben noch einmal Gelegenheit, sich die Heimkehr per Bus zu überlegen. Direkt am Schloß hält die Linie 92. Wer vollends bis zum Schluß durchhalten will, hat ebenfalls Glück. Größere Strapazen stehen nicht mehr bevor. Es geht am freien Platz vor dem Schloß abwärts dem *blauen Kreuz* Richtung Ditzingen nach. Noch ein letztes Mal kommt man an einer Grillstelle vorbei. Erst wenn auf der Kreuzung zu einem geschotterten Waldweg ein Rundweg, bezeichnet mit einem *Igel*, auftaucht, verläßt man das bisherige Zeichen. Es führt in weitem Bogen am Minigolfplatz vorbei, durch Obstwiesen wieder nach Gerlingen und durch dieselben Straßen wie zu Anfang der Wanderung zum Straßenbahndepot zurück.

▷ *Wie kommt man hin?*
Nach Gerlingen mit öffentlichen Verkehrsmitteln oder Auto. Alle Punkte unterwegs (Schillerhöhe, Bärensee, Solitude) werden von Buslinien angefahren und können von den im Text genannten Haltestellen aus mit geringsten Anmarschwegen erreicht werden.

○ *Länge der Wanderung:* ca. 15 km, doch sind auch kürzere Teilstücke möglich.

✻ Stadtmuseum Gerlingen, Weilimdorfer Straße 9–11

Auskünfte:	Telefon 0 71 56/2 05-0	
Geöffnet:	Dienstag	15.00 – 18.00 Uhr
	Sonntag	10.00 – 12.00 Uhr
	sowie	14.00 – 17.00 Uhr

Führungen nach Vereinbarung
Eintritt: frei

✻ Museum Stuttgarter historische Straßenbahnen e. V.
Gerlingen, Straßenbahndepot
Auskünfte: Telefon 07 11/2 57 35 46
Geöffnet: jeden letzten Samstag eines Monats von 13.00 – 18.00 Uhr

Eintritt:	Museum Erwachsene DM 3,00, Kinder DM 1,50 Familien DM 7,00 Kombikarte (Oldtimerfahrt + Museum) Erwachsene DM 6,00, Kinder DM 3,00 Familien DM 14,00

✻ Minigolf Gerlingen

Geöffnet:	Frühjahr bis Herbst	
	täglich	10.00 – 24.00 Uhr

✻ Kutschfahrten am Bärensee:

Auskünfte:	Telefon 07 11/83 78 76
Preise:	Rundfahrt: Erwachsene DM 5,00, Kinder DM 3,00 kleine Rundfahrt bis Forsthaus 1: Erwachsene DM 3,00, Kinder DM 2,00

✻ Solitude

Auskünfte:	Telefon 07 11/69 66 99	
Führungen:	Reguläre Führungen vom 1. April bis 1. November:	
	Dienstag bis Sonntag	9.00 – 12.00 Uhr
	und	13.30 – 17.00 Uhr
	vom 2. November bis 31. März:	
	Dienstag bis Sonntag	10.00 – 12.00 Uhr
	und	13.30 – 16.00 Uhr
Eintritt:	Erwachsene DM 4,00, Ermäßigte DM 2,00 Gruppen ab 20 Personen DM 3,50 pro Person	

Die Solitude bietet darüber hinaus an wenigen bestimmten Tagen der Ferien eigens Kinderführungen an, zu denen aber unter obiger Nummer telefonische Anmeldung unbedingt erforderlich ist.

▭ *Kartenempfehlung:*
L 7320 Stuttgart Süd 1 : 50 000

Mit dem „Feurigen Elias“ unter Volldampf durchs Strohgäu 16

Gehört haben viele schon davon, daß jedes Jahr im Sommer wieder der „Feurige Elias“ durchs Strohgäu dampft. Mit ihm gefahren sind dann schon weniger. Und das ist schade! Denn die rund einstündige Fahrt im Museumszug von Korntal über Münchingen, Schwieberdingen, Hemmingen, Heimerdingen bis Weissach ist ein schönes Ferienerlebnis für die ganze Familie. Wenn man es dazu mit einer schönen Wanderung verbindet, kommt man zu einem weiteren, rundum gelungenen Ferientag!

Wandermöglichkeiten gibt es viele. Ausgesprochene Eisenbahnfreaks können natürlich auch morgens mit dem Zügle nach Weissach fahren, sich an der Wandertafel am Bahnhofsgebäude für eine der verschiedenen Rundwanderrouten entscheiden, um sich nachmittags noch einmal das Vergnügen zu gönnen, im nostalgischen Dampfzug unterwegs zu sein. Von Weissach aus kann man aber auch über Flacht und Perouse nach Malmsheim wandern (9 km), nach Weil der Stadt (14 km) – jeweils zum S-Bahnhof –, oder aber man kann auch schon in Schwieberdingen aussteigen und durch das Glemstal nach Ditzingen (8 km) oder Leonberg (13 km) ebenfalls zu einer S-Bahnstation gelangen. Und natürlich können alle Wanderungen auch in umgekehrter Richtung gemacht werden.

Die vielleicht schönste, jedenfalls erlebnisreichste Variante soll im folgenden eingehend erläutert werden. Der Vorschlag enthält eine rund 9 km lange Wanderung von der S-Bahnstation Leonberg aus, einem Teil der Glems entlang, durch den Bonlander Wald und einen Zipfel Heckengäu nach Weissach, direkt zum Bahnhof, von wo aus man den Tag mit einer gemütlichen Fahrt im Bummelzug beschließt.

Wer in **Leonberg** die S-Bahn verläßt, hat's leicht, den Einstieg zur Wanderung zu finden. An seinem östlichen Ende, gegenüber dem Lokal „Willi's Keller“, findet sich bereits – an einem Lampenpfahl – ein *blauer Punkt* als Wanderzeichen.

Wenige hundert Meter weiter, kaum hat man die Glems erreicht, lohnt es sich bereits, Station zu machen. Rechts oben am Hang liegt das Leonberger Schloß, heute Sitz von Stadtverwaltung und Amtsgericht. Davor liegt der zu Recht berühmte Pomeranzengarten und ein wunderschöner Spielplatz mit tollen Klettermöglichkeiten und einer extralangen Rutsche.

Der **Pomeranzengarten** (Eintritt frei!), benannt nach der dort in Kübeln gehaltenen Bitter-Orange, ist einer der wenigen in

Europa erhaltenen Terrassengärten aus der Zeit der Hochrenaissance. Erst 1980 wurde er nach Originalplänen von Heinrich Schickardt wiederhergestellt und gilt seitdem als Vorzeigebeispiel der vom Land praktizierten Gartendenkmalpflege. Über ihn kann man übrigens direkt in den alten Stadtkern Leonbergs gelangen, wo es sich an Sommertagen herrlich am Marktbrunnen zwischen Fachwerkfassaden im Freien sitzen läßt.

Für die jetzige Wanderung kehrt man jedoch nach diesem Abstecher nach oben am besten zum Ausgangspunkt, dem Weg im Tal, zurück. Nach einer kurzen, weniger schönen Strecke gewinnt das Glemstal durchaus wieder seinen Reiz.

Nächstes Etappenziel ist die **Felsensägmühle**, bei der man die Flußseite wechselt. Sie hat eine interessante Vergangenheit. 1471 von Graf Eberhard im Bart als Erblehen vergeben, hatte sie neben- und nacheinander alle Funktionen inne, die eine Mühle haben konnte. So nutzten sie die Gerber, die Tierhäute bearbeiteten, als Walkmühle, die Tuchmacher als Lohmühle, ein Waffenschmied als Schleifmühle und die letzten Eigentümer schließlich als Sägemühle.

Wenig später gibt es eine Höhle hoch oben im steil anstehenden Fels zu bewundern, das nachweislich schon im 16. Jahrhundert vorhandene *Hauerloch*. Dann zweigt der Weg, unter der Bahnlinie hindurch, links ab und führt geradewegs über einen Wiesenweg, später durch Schrebergärten, auf die Höhe. Wer es nicht scheut, sich hier ein wenig zu plagen, d. h. die Räder hinaufzuschieben, teils auch über Treppen, kann übrigens die Strecke auch mit dem Rad zurücklegen. Im Dampfzug werden Räder kostenlos befördert.

Nach den Gärten geht man links ca. 50 m an der Straße entlang, um gleich in den ersten (unbezeichneten) rechtwinklig abzweigenden Wiesenweg einzubiegen und ein Stück bergauf zu laufen. So gelangt man zum (leider geschlossenen) Wanderheim und einer nicht allzu einladenden Feuerstelle. So schön die Wanderung insgesamt ist, es gibt unterwegs kaum Möglichkeiten, sich fremd zu verpflegen. Es ist also sinnvoll, ein zünftiges Rucksackvesper, für kleinere Kinder aber zumindest einen Notvorrat Kekse und Getränke mitzunehmen, um die allseits gute Laune nicht zu gefährden.

Am Baum links neben der Hütte des Wanderheims gibt es wieder einen *blauen Punkt*, der noch eine ganze Zeit lang als Markierungszeichen dient.

Am *Waldgarten*, der 1739 von einem Oberförster angelegt wurde, heute aber nur eine von einem niedrigen Steinmäuerchen umgebenen Wiese ist, gilt es aufzupassen! Obwohl der blaue

Punkt-Weg abzweigt, bleibt man auf dem unbezeichneten Weg und geht weiter geradeaus, doch nur ein relativ kurzes Stück. Solange nämlich, bis an einer Kreuzung, links ein mit einem *blauen Strich* markierter Weg abzweigt. Ihn gilt es von nun an bis nach Weissach hinein zu verfolgen. Solange die Zeichen seltener sind, bleibt man immer auf dem bekiesten, bequemen Hauptweg, wo er kurzfristig zum Waldweg wechselt, kurz vor der Straße, ist dies durch häufigere Zeichen unübersehbar. Hier stehen zwei Mammutbäume, über deren Geschichte eine Tafel Auskunft gibt. Bald danach ist der Waldrand erreicht. Zur Rechten sieht man bereits auf den Bahndamm. Tatsächlich ist es auch nicht mehr weit. Nur noch ein Hügel ist zu überqueren.

Auf dieser Strecke ist leicht nachzuvollziehen, wie die Gäulandschaften Württembergs zu ihren Bezeichnungen kamen. Das Strohgäu als altbewirtschaftetes Getreideanbaugebiet, das Heckengäu wegen seiner aus den Feldern aufgelesenen und am Rand aufgeschichteten Mäuerchen, die von Hecken und Heckenbewohnern besiedelt wurden. Wer noch mehr darüber erfahren will, dem sei der 4 km lange Heckenlehrpfad Ostelsheim wärmstens empfohlen. (Ostelsheim liegt zwischen Weil der Stadt und Sindelfingen; der Lehrpfad beginnt am Wanderparkplatz der Straße K 4374 nach Gechingen.)

Hat man die Höhe des Hügelrückens erreicht, geht es nur noch bergab, und zwar geradeaus am Busdepot vorbei bis direkt zum Bahnhof. Wer nun so ankommt, daß bis zur Abfahrt eines Zuges noch Zeit bleibt – oder, noch besser, sich die Zeit nimmt, nach Weissach hineinzugehen –, wird staunen. **Weissach** besitzt ein besonders schönes Beispiel der nun schon bekannten Wehrkirchen (siehe auch Kapitel 14 und Kapitel 24). Die erhöhte, befestigte Anlage mit ihrem Fachwerk-Ensemble besitzt als Zeichen besonderer Wehrhaftigkeit einen von der Kirche räumlich getrennten Turm samt Schießscharten. Sehr hübsch ist der neugestaltete Marktplatz mit seinem Brunnen geworden. Wer will, kann auch einkehren.

Schließlich soll das eigentliche Hauptereignis des Tages, der **„Feurige Elias"**, nicht zu kurz kommen. Als Zugpferd dient die 1928 gebaute Dampflokomotive GES 16. Die Personenwagen sind alle ebenfalls Oldtimer aus der Zeit zwischen 1894 und 1920: dritte Klasse Personenwagen mit Holzbänken und offenen Plattformen. Ein Restaurationswagen gegen den kleinen Hunger und Durst und der Packwagen, in dem Fahrräder und Kinderwagen kostenlos transportiert werden, sind ebenfalls dabei. Die GES (Gesellschaft zur Erhaltung von Schienenfahrzeugen e. V.) erhält keinerlei Zuschüsse irgendeiner Seite. Alle Kosten werden allein

Eine Fahrt im „Feurigen Elias" macht allen Spaß

durch Fahrgeldeinnahmen getragen. Alle Mitarbeiter, einschließlich Lokführer und Schaffner, arbeiten ehrenamtlich.

Für Gruppen ab 10 Personen werden nicht nur kostenlos Plätze reserviert, sie erhalten auch Ermäßigungen, allerdings nur bei schriftlicher Voranmeldung. Alle anderen erhalten ihre Fahrkarten von den Schaffnern im Zug.

Ein letzter Tip für Familien, die besonderen Spaß an diesem nostalgischen Sonntagsvergnügen hatten: die GES betreibt einen zweiten Museumszug, das „Sofa-Zügle" auf der 10 km langen sogenannten „Tälesbahn" zwischen Nürtingen und Neuffen.

▷ *Wie kommt man hin?*
S-Bahn (S 6 bis Leonberg), Wanderung bis Weissach.

○ *Länge der Wanderung:* ca. 9,5 km

✻ Strohgäu-Bahn „Feuriger Elias"

Auskünfte: Telefon 07 11/44 67 06 (abends)
Fahrplan mit Fahrtagen und Fahrzeiten anfordern.

Fahrpreise: Kinder (4 – 15 Jahre) einfache Fahrt DM 5,00/mit Rückfahrt DM 8,00
Erwachsene einfache Fahrt DM 10,00/ mit Rückfahrt DM 16,00
Familienkarte für Hin- und Rückfahrt DM 45,00.
Für Teilstrecken gelten Ermäßigungen, die gesamte Strecke ist rund 22 km lang.

□ *Kartenempfehlungen:*
RV 11476 Stuttgart und Umgebung 1 : 75 000
L 7118 Pforzheim 1 : 50 000, fehlender Zipfel: L 7120
Stuttgart-Nord 1 : 50 000

✻ Extratip: Tälesbahn „Sofa-Zügle"

Auskünfte: Telefon 0 70 25/43 69 (tagsüber)
0 70 25/23 00 (abends)
Fahrplan mit Fahrtagen und Fahrzeiten anfordern.

Fahrpreise: Kinder (4 – 15 Jahre) einfache Fahrt DM 3,00 mit Rückfahrt DM 4,50
Erwachsene einfache Fahrt DM 6,00/mit Rückfahrt DM 9,00
Familienkarte (2 Erwachsene und 2 Kinder) Hin- und Rückfahrt DM 25,00
Für Teilstrecken gelten Ermäßigungen.

Märchenschlösser und Märchengärten 17

Lebendiges Barock in Ludwigsburg

Sicher kein Geheimtip, aber immer wieder beeindruckend schön und mit all ihren Schätzen und Sehenswürdigkeiten noch lange nicht bekannt genug sind die Märchenschlösser und Märchengärten Ludwigsburgs. Wer sich einen ganzen Tag dafür Zeit nimmt, kann sich mit den günstigen Kombi-Karten vieles, wenn nicht alles, auf einmal ansehen. Die Angst, damit zuviel Kultur in diesen Tag hineinzupacken, ist unbegründet. Durch den Wechsel zwischen Schlössern und Gärten gibt es einen schönen, erlebnisreichen Ausflug, der längst nicht so anstrengend wird, wie man im ersten Moment denken könnte.

Am besten beginnt man mit der Besichtigung des Residenzschlosses. Das **Residenzschloß**, die „Ludwigsburg", ist das größte noch erhalten gebliebene deutsche Barockschloß. 18 Gebäude, 3 Höfe und 452 Räume umfaßt das von 1704 bis 1733 unter Herzog Eberhard Ludwig erbaute Schloß. Zwei Gründe waren für die Verlagerung der Residenz von Stuttgart nach Ludwigsburg entscheidend. Zum einen die persönlichen Lebensumstände des Herzogs, der sich von seiner Gemahlin Johanna Elisabeth, Prinzessin von Baden-Durlach, getrennt hatte und in diesem neuen Schloß mit seiner Mätresse Wilhemine von Grävenitz ungestört zusammenzuleben wünschte. Zum anderen war ein mindestens ebenso wichtiger Grund die herrschende Mode, nach den Vorbildern von Versailles die Residenz aus der Enge der alten Hauptstadt in die weite, von Gärten und Alleen durchzogene Landschaft zu verlegen.

Ludwigsburg, der angrenzende Ort, wuchs zeitgleich und im selben Umfang wie die Residenz, ihr Glanz ließ auch ihn erblühen. Ludwigsburg, daß 1718 die Stadtrechte erhielt, ist deshalb noch heute ein wunderschönes Beispiel lebendigen Barocks: vor allem am Marktplatz, der mit seinen Arkaden und den beiden Barockkirchen einer der schönsten des Landes ist, aber auch in vielen noch erhaltenen Bürgerhäusern, die man sich bei einem Streifzug durch das Zentrum bei Gelegenheit ansehen kann. Die Besichtigung des Residenzschlosses dagegen ist ein Muß. Wie gleich zu Anfang betont wird, kann man seine Räumlichkeiten in einer der längsten Schloßführungen besichtigen. Doch das ist keinesfalls langweilig. Wie im Flug vergeht die Zeit in den noch vollständig eingerichteten Räumen bei Erzählungen über die Lebensumstände des Herzogs. Auch für Kinder. Wer selbst das Schloß bereits kennt, kann seine Kinder auch zu einer der Kinderführungen anmelden, die andere Schwerpunkte setzen, jedoch nur an wenigen Tagen im Jahr – meist während der Schulferien – stattfinden.

Wer darüber hinaus noch mehr über die Zeit des Barock erfahren will, findet in einem Seitentrakt des Schlosses, leider viel zu versteckt und unbekannt, als weitere Sehenswürdigkeit, eine ständige Ausstellung des Württembergischen Landesmuseums mit dem Titel **„Höfische Kunst des Barock"**. Zu einem der interessantesten Punkte dieser Ausstellung kommt man eigentlich erst gegen Ende. Denn wer aus der Führung kommt, noch ganz von der Atmosphäre des Schlosses erfüllt, den werden besonders die ausgestellten Kleidungsstücke aus der Zeit um 1765 bis 1800 entzücken. Schwerpunkt der Ausstellung ist aber unbestritten die einzigartige Sammlung des Württembergischen Museums an *Ludwigsburger Porzellan*. Neben Serviceteilen mit Blumen-, Vogel-, Figuren- oder Landschaftsmalereien und Vasen sind es vor allem die Porzellanfigürchen, die Aufmerksamkeit verdienen. Außer allegorischen Gestalten und tändelnden Pärchen erstaunen die teils drastischen Darstellungen aus dem Alltagsleben, der Metzger zum Beispiel, der eine Sau brüht, oder ein anderer, der einen Schinken zerteilt. In ihrem zarten Material jedoch und ihrer sorgfältigen Ausgestaltung zeugen letztere ebenso wie alle anderen von der Leistungsfähigkeit der Porzellanmanufaktur, die 1758 von Herzog Karl Eugen gegründet wurde und die auch noch heute tätig ist. Interessierte können sich über deren Arbeiten im **Ausstellungs- und Verkaufsraum der Porzellanmanufaktur** (im linken Flügel des mittleren Innenhofs) im Residenzschloß informieren.

Nach so vielem Sehen und Betrachten tut frische Luft not. Sozusagen vor der Haustüre geht das barocke Gesamterlebnis weiter, nämlich im über 30 Hektar großen Park des Residenzschlosses, der unterteilt ist in die Gartenschau „Blühendes Barock" und den Märchengarten.

Im **„Blühenden Barock"**, dessen kunstvolle Anlagen nach alten Plänen aus dem 18. Jahrhundert gestaltet wurden, lassen herrliche Blumenrabatten, durch bunte Kiese strukturiert, und Wasserspiele die Pracht höfischen Lebens lebendig werden.

Vogelvolieren zeigen Waldvögel, Käuze und Uhus sowie eine wunderschöne Schneeule. Ein weiterer Anziehungspunkt ist die *Emichsburg*. Wer bereits in Hohenheim war, den wird derAnblick einer künstlich geschaffenen Ruine inmitten des Schloßparks nicht erstaunen. Wie dort das „Dörfle“ (siehe Kapitel 7), so wurde auch sie gebaut als Mittelpunkt eines nach englischem Vorbild gestalteten Gartens. Ihren Namen trägt sie nach dem sagenhaften Begründer Württembergs, Ritter Emich.

Gleich dahinter schließt sich der für alle Kinder wohl noch anziehendere *Märchengarten* an. Die Hexe mit Hänsel und Gretel, der Froschkönig, die sieben Geißlein und viele andere bekannte Märchengestalten sind hier zu Hause und auf einer Gondelfahrt durchs Märchenland zu treffen. Auch ein Kasperletheater kann man besuchen oder sich selbst als Seerosenkönig bewundern lassen. Nur schwer werden sich alle losreißen können. Und doch ist noch nicht einmal Halbzeit. Viel und ebenso Interessantes steht noch aus. Man muß es sich dennoch gut überlegen, ob man schon in den Favoritepark überwechselt, denn eine Rückkehr mit der gleichen Eintrittskarte ist nicht möglich. Doch auch auf der anderen Seite der Straße, die gefahrlos auf einer Brücke überquert wird, ist es schön.

Im Märchengarten

Schloß Favorite und sein Park gehen ebenfalls auf Herzog Eberhard Ludwig zurück. Ursprünglich nur als Fasanerie geplant, gab er 1713 das erst zehn Jahre später vollendete Bauwerk des Jagd- und Lustschlößchens als sommerlichen Mittelpunkt für Jagden und Feste in Auftrag. Unter Herzog Friedrich II., dem späteren König Friedrich, wurde das Innere des Schlößchens weitgehend und nach dem Geschmack der Zeit im Empirestil umgestaltet. Lediglich einer von zehn Räumen verblieb im barocken Zustand. Das barocke Äußere hingegen wurde bis heute vollständig bewahrt. Nach Zweckentfremdungen und Beschädigungen späterer Zeit wurde das Schlößchen von 1973 bis 1982 von Grund auf restauriert, wieder eingerichtet und der Öffentlichkeit zugänglich gemacht.

Der umgebende Park, der **„Favorite-Park"**, hat eine ebenso lange Tradition. Schon Eberhard Ludwig hatte den Wald mit einem Palisadenzaun umgeben. Karl Eugen siedelte eine Kolonie weißer Hirsche darin an, ehe Herzog Friedrich II. ihn endgültig zum „Tiergarten“ machte. Damwild und Gemsen, wenig später auch Axishirsche, wurden schon unter ihm hier ausgesetzt.

Heute ist der 72 Hektar große Park als ein Beispiel für Weidewald unter Naturschutz. Damwild, Axis- und Muffelwild leben hier nach wie vor und können – mit etwas Glück -in „freier Wildbahn“ beobachtet werden.

Am Parkeingang gibt es einen Kiosk. Wer vorhat, weiter bis Schloß Monrepos zu spazieren, kann sich zuvor noch erfrischen. Monrepos ist in ca. 35 bis 40 Minuten bequem und direkt durch die Wilhelms- und Schloßallee zu erreichen. Ein Weg, der sich in jedem Falle lohnt, auch wenn man statt Wild nur andere Ausflugsfamilien antreffen sollte.

Schloß Monrepos verdankt seine Existenz ebenfalls der Jagdleidenschaft der damaligen Herren. Karl Eugen baute es Mitte des 18. Jahrhundert anstelle eines Jagdpavillons, den Eberhard Ludwig hier errichtet hatte. Der Grundriß weist, gemäß seiner Zeit, noch alle Merkmale des Rokoko auf, die Inneneinrichtung ist bereits im Empirestil gehalten. Besichtigt werden können die Haupträume nur im Sommer und nach Anmeldung.

Schön ist ein Spaziergang um den See, auf dem man von April bis September auch Boot fahren kann. Benachbart sind die Württembergische Hofkammerkellerei, die Domäne und das Schloßhotel Monrepos. Auch der Reit- und Fahrverein Ludwigsburg hat hier eine herrliche Anlage. Bei gutem Wetter draußen, bei schlechtem drinnen in der Halle ist immer jemand am Reiten und man kann gerne zuschauen. Hinterm Parkplatz über der Straße steht für Unermüdliche außerdem ein Minigolfplatz zur Verfügung.

Der schönste Weg zurück führt ebenfalls wieder durch die Alleen. Man kann ihn sich jedoch auch sparen und mit der S-Bahn zurück nach Ludwigsburg bzw. ganz nach Hause fahren.

▷ *Wie kommt man hin?*
Mit der S-Bahn: S 4 oder S 5
Mit dem Auto: über die Autobahn A 81 Heilbronn oder über die B 27.
Auch die Bundesbahn fährt hin, im Sommerhalbjahr sogar die Neckarpersonenschiffahrt.

○ *Länge der Wanderungen oder Spaziergänge:* ganz nach Lust und Laune

✻ Besondere Empfehlung:
Die „Barocken Bons", ein Inklusivangebot, das das Residenzschloß und Schloß Favorite (mit Führungen) ebenso umfaßt wie das „Blühende Barock" und den Märchengarten.

Preise: Kinder DM 6,00, Erwachsene DM 13,00
Wer die einzelnen Ziele gesondert besuchen oder nur Einzelnes an- oder wiedersehen will, kann selbstverständlich auch das.

✻ Residenzschloß
Auskünfte: über die Schloßverwaltung,
Telefon 0 71 41/18 64 40
Hier sollten auch die Kinderführungen erfragt und angemeldet werden. Reguläre Führungen täglich.
Eintritt: (Auszug, Einzelkarte) Kinder bis 6 Jahre frei
Kinder/Ermäßigte DM 3,00
Erwachsene DM 6,00

✻ Blühendes Barock/Märchengarten (April – Oktober)
Geöffnet: 7.30 – 20.30 Uhr Blühendes Barock
9.00 – 18.00 Uhr Märchengarten
Kasperletheater (im Märchengarten)
Samstag, Sonntag, Feiertag 15.00 und 16.00 Uhr
Eintritt: (Auszug, Einzelkarten)
Kinder ab 6 Jahren/Ermäßigte: DM 3,00
Erwachsene DM 8,00
Das dritte und jedes weitere Kind derselben Familie hat freien Eintritt.

* Schloß Favorite

Auskünfte:	siehe oben, ebenfalls Auskunft und Anmeldung für Kinderführungen
Führungen:	Anfang November bis Mitte März täglich außer Montag Mitte März bis Mitte Oktober täglich
Eintritt:	(Auszug, Einzelkarten) Kinder bis 6 Jahre frei Kinder/Ermäßigte DM 2,00 Erwachsene DM 4,00

* Kombinationskarte für beide Schlösser (ohne Garten)

Eintritt:	Kinder/Ermäßigte DM 4,50 Erwachsene DM 9,00

* Ausstellung „Höfische Kunst des Barock"

Auskünfte:	Telefon 0 71 41/18 64 80	
Geöffnet:	täglich, außer Montag	10.00 – 12.00 Uhr
	und	13.00 – 17.00 Uhr
Eintritt:	frei	

* Porzellanmanufaktur; Ausstellungs- und Verkaufsschau im Residenzschloß (geöffnet: siehe Ausstellung „Höfische Kunst des Barock"

Auskünfte:	Telefon 0 71 41/92 68 14	
Geöffnet:	Montag – Freitag	10.00 – 12.00 Uhr
	und	14.30 – 16.30 Uhr
Eintritt:	frei	

* Schloß Monrepos/Württembergische Hofkammer-Kellerei

Auskünfte:	Telefon 0 71 41/3 10 85/86 Besichtigung nach Vereinbarung

* Bootsfahrten

Auskünfte:	Telefon 0 71 41/3 27 96
Preise:	Ruderboote (2/4 Personen) DM 6,00/7,00/ 1/2 Stunde Tretboote (2/4 Personen) DM 7,00/8,00/ 1/2 Stunde

❋ Minigolf

Geöffnet:	(bei gutem Wetter) ab 10.00 Uhr
Eintritt:	Kinder DM 2,00, Jugendliche/Ermäßigte DM 3,50 Erwachsene DM 4,00

▭ *Wanderkarten* sind für diesen Ausflug nicht notwendig.

Wo Urmensch und Ur zuhause sind

18

In Steinheim an der Murr

Eine rundum runde Sache ist ein Ausflug nach dem vielleicht nicht so bekannten Steinheim an der Murr. Was gibt es nicht alles zu sehen und zu bestaunen! Im Urmensch-Museum nicht allein den Schädel der Urmensch-Frau, sondern das 4 m hohe komplette Skelett des Steppenelefanten, die wirklich riesigen Geweihschaufeln des Waldriesenhirsches und vieles andere mehr. Auch die Wanderung selbst ist sehr abwechslungsreich. An einem Wasserrad, einer Dampflock, einem Schloß und einem Lapidarium vorbei geht es mal durchs Wiesental, mal über freie Rücken, mal am Rebenhang, mal am Waldrand entlang.

Ausgangspunkt von alledem ist die Ortsmitte Steinheims. Kirche, Rathaus, Marktplatz und Marktbrunnen liegen dicht beieinander. Dahinter finden sich normalerweise, dicht neben einem öffentlichen Spielplatz übrigens, hinreichend Parkmöglichkeiten.

Gleich hinter der Martinskirche, einer dreischiffigen romanischen Basilika, ist im ehemals alten Schulhaus das **Urmensch-Museum** untergebracht (1968 eingeweiht, seit 1983 im heutigen Zustand). Mittelpunkt, Namensgeber und Hauptattraktion ist der Steinheimer Urmenschenschädel. 1933 fand man ihn. Seit 1936 ist er in die Annalen der Forschung als „Homo Steinheimensis“ eingegangen. Was ihn so interessant macht, ist sein Alter. 250 000 Jahre oder, anders ausgedrückt, eine Viertelmillion Jahre ist er alt! Er entstammt einer Zwischeneiszeit (einem sogenannten „Interglazial“, nämlich der Zeit zwischen den beiden nach den Flüssen Mindel und Riß genannten Eiszeiten). Gefunden wurde er in dem in mehreren Kiesgruben erschlossenen und abgebauten Schotter der Murr.

Sein eigentlicher Wert liegt darin, daß er ein wichtiges Mosaiksteinchen ist, das die Entwicklung des Menschen nachvollziehbar macht: von den Frühmenschen, die durch den eine halbe Million Jahre alten „Heidelberger“ belegt sind, über die Altmenschen („Neandertaler“, nach dem Fundort Neandertal bei Düsseldorf) bis hin zu den Neumenschen, die mit den „Homo Steinheimensis“ erstmals auftauchen und mit anderen frühen Angehörigen des „Homo Sapiens“ von der Welt Besitz ergreifen. Das alles mag schwierig klingen, ist jedoch im Museum, das didaktisch vorbildlich gestaltet ist, sehr viel leichter zu verstehen. Dazu trägt auch die non-stop-laufende Tonbildschau (Dauer eine halbe Stunde)

Rathaus und Marktbrunnen in Steinheim

bei. Aber nicht nur diesen Schädel fand man in der Umgebung Steinheims. Fast ebenso beeindruckend waren Funde von Säugetieren. So konnte das komplette Skelett eines 4 m hohen Steppenelefantenbullen ausgegraben werden, dessen Schädel allein schon 12 Zentner wog. In voller Größe kann man ihn als Skelett bewundern, ebenso Relikte anderer, teils großer bis sehr großer Tiere jener Zeiten.

Das Urmensch-Museum ist Ausgangs- und zugleich Zielpunkt der folgenden Wanderung, die über Kleinbottwar, Forsthof, Schloß Schaubeck in weitem Bogen hierher zurückführt. Mit wenigen Schritten ist man vom Museum aus am Marktplatz. Übrigens ist Steinheim schon seit dem 8. Jahrhundert urkundlich belegt und besaß schon im Mittelalter Stadtrechte, die im Jahr 1955 erneut verliehen wurden.

Vom Marktplatz wendet man sich nach links, die Markt- und Ludwigsburger Straße entlang, in Richtung Bietigheim. Das Eiscafe (täglich geöffnet), an dem man nach wenigen Metern vorbeikommt, kann man sich für später merken. Erster kurzer Aufenthalt sollte das *Wasserrad* an der Bottwar sein, das für die dortige Sägerei und Stuhlfabrik 1898 gebaut wurde und in dieser Gegend eine gewisse Besonderheit darstellt.

Weiter auf dieser Straße erreicht man den *alten Bahnhof* Steinheims. Vor ihm steht zur Erinnerung an die längst abgeschaffte Bottwartalbahn die früher hier verkehrende Dampflock 99651. 30 km pro Stunde betrug ihre Höchstgeschwindigkeit!

Ab Bahnhof gilt es, der Höpfigheimer Straße in Richtung **Wellarium** zu folgen. Das Wellarium ist ein wunderschönes Mineralfreibad und Wellenbad, das aus einem 142 m tiefen Brunnen mit natürlichem Mineralwasser gespeist wird. Neben dem Wellenbekken stehen Sport- und Planschbecken ebenso zur Verfügung wie ein eigener Bereich um den Sprungturm. Die Wanderung selbst führt nicht direkt am Bad vorbei. Kurz davor biegt rechts die Adalbert-Stifter-Straße ab, die in die Lehenstraße führt. Ab hier kann man nun eine Zeitlang den Zeichen des Albvereins folgen, einem *blauen Strich auf weißem Grund*.

An den Sportplätzen der Blankensteinschule vorbei führt der Weg zwischen Obstwiesen, Wiesen und Feldern durch ein weites offenes Tal, stets rechts des Riedbaches. Erst beim Zeichen *„Wasserschutzgebiet"* heißt es abbiegen in den *„Steinheimer Weg"* nach rechts. Zwischen Gehöften hindurch gelangt man so geradewegs nach Kleinbottwar, das inzwischen übrigens nach Steinheim eingemeindet ist. Die Burg links am Horizont ist der Lichtenberg, der von Hof und Lembach/Großbottwar aus zugänglich ist.

In **Kleinbottwar**, wo es übrigens zahlreiche Einkehrmöglichkeiten gibt, führt der Weg immer noch geradeaus weiter auf die Kirche zu, an der man links vorbei in die Friedhofstraße einbiegt. Hier entlang erreicht man bald wieder freies Feld. Nach einem Brunnen rechts und gleich darauf wieder links, geht es an einer kleineren Wasserfläche vorbei weiter bis zum **Wehrbachsee**. Eine Hütte und Wiesen laden zum Spielen ein, Feuer darf jedoch nicht gemacht werden.

Oberhalb des Sees verläuft ein asphaltierter Weg, von dem aus nach einer kurzen Weile, längs eines weidenbestandenen schmalen Bachlaufs, ein neuer *(mit einer 5 bezeichneten)* Weg abbiegt, dem bis zum Waldrand zu folgen ist. Rechts ist dann schon der *„Hotel- und Waldgasthof Forsthof"* (Montag Ruhetag) zu sehen, der sich für eine Einkehr zur Kaffeestunde anbietet.

Hier am Forsthof, der als Wanderparkplatz übrigens auch Ausgangspunkt verschiedener Wanderungen ist, überquert man die Straße und folgt, erst am Waldrand entlang, dann über einen freien Höhenrücken, einem Weg, der *mit den Ziffern 7/8 sowie einem roten Strich auf weißem Grund* gekennzeichnet ist. Links sieht man den Weiler Lehrhof liegen, rechts reicht ein weiter Blick vom Wunnenstein über Bietigheim bis vor zum Asperg.

An einem Rastplatz, an der höchsten Stelle dieses Rückens, teilt sich der Weg. Rechts hinunter geht es direkt auf **Schloß Schaubeck** zu. Ursprünglich war es als badische Ministerialenburg auf römischen Resten errichtet und 1272 erstmals erwähnt worden. Seit 1914 ist es Wohnsitz und Besitz der Grafen Adelmann von Adelmannsfelden, ihnen gehört auch das benachbarte Weingut.

Geht man den Weg am Schloß vorbei geradeaus weiter, gelangt man, ohne auf Zeichen oder Straßennamen achten zu müssen, wieder zurück ins Zentrum von Steinheim.

Doch zuvor wird man noch am **Lapidarium** vorbeigeführt. Es besteht zum einen aus einer recht reizvollen Sammlung „Marksteine der Umgebung", zum anderen aus der Kopie eines römischen Weihesteins, der den ersten sicher nachweisbaren Steinbruch im mittleren Neckarland für die Zeit des 2. Jahrhunderts n. Chr. belegt.

Wer mehr über die in dieser Gegend gefundenen, bedeutsamen Steine wissen will, wird nicht im Stich gelassen. Von der Klosterstraße zur Alten Kleinbottwarer Straße, über diese geradeaus in einen Hof, findet man sich überraschenderweise vor einem recht typischen neueren Museum, dem **Museum für Stadtgeschichte**. Belege, von der Römerzeit an, werden gezeigt; vor allem aber im erst in den achtziger Jahren ausgegrabenen und näher erforschten Kloster Mariental wird Wissenswertes, gut aufbereitet, zur Schau gestellt.

Damit ist zugleich die Ortsmitte Steinheims erreicht und wer den Tag mit einer Einkehr abschließen will, findet in reichlicher Auswahl für jeden Geschmack das Passende.

▷ *Wie kommt man hin?*
Über die A 81, Ausfahrt Pleidelsheim, Richtung Murr, Steinheim.

Mit öffentlichen Verkehrsmitteln: S-Bahnen S4 bis Marbach, dann Bundesbahnbuslinie 7815

○ *Länge der Wanderung:*
9 km; beschränkt man sich auf das Wesentliche, geht es durch Kleinbottwar hindurch (Weg 4), dann auf kürzestem Weg an Schloß Schaubeck und dem Lapidarium vorbei, wie gehabt, zurück: 5 km

✻ Urmensch-Museum		
Auskünfte:	Stadt Steinheim, Telefon 0 71 44/2 63-0	
Geöffnet:	Dienstag bis Sonntag	10.00 – 12.00 Uhr
	und	14.00 – 16.00 Uhr
	vom 1.April bis 30. September	
	Samstag, Sonntag und	
	Feiertag	10.00 – 12.00 Uhr
	und	14.00 – 17.00 Uhr
Eintritt:	Kinder unter 7 Jahren frei	
	Kinder und Ermäßigte DM 1,50	
	Erwachsene DM 2,50	
	Gruppenpeise ab 15 Personen	
✻ Museum zur Kloster- und Stadtgeschichte		
Auskünfte:	siehe oben	
Geöffnet:	siehe oben	
Eintritt:	Schüler, Studenten und	
	Ermäßigte DM 1,00	
	Erwachsene DM 1,50	
	Gruppenpreise ab 15 Personen	
✻ Lapidarium – auf der grünen Wiese –		
Eintritt:	frei	

✻ Wellarium		
Auskünfte:	Telefon 0 71 44/2 40 91	
Geöffnet:	Montag bis Freitag	9.30 – 20.30 Uhr
	Sonntag und Feiertag	8.30 – 20.30 Uhr
	In der Hochsaison längere Öffnungszeiten	
Eintritt:	(Auszug; Einzelkarten)	
	Kinder bis 15 Jahre DM 2,50	
	Jugendliche, Ermäßigte DM 3,50	
	Erwachsene DM 5,00	
	Abendkarte DM 3,50	

▭ *Kartenemfehlungen:*
RV 11476 Stuttgart und Umgebung 1 : 75 000
L 7120 Stuttgart-Nord 1 : 50 000

Karussellfahren, sooft man will? Wandern auf des Königs Spuren? ⓳

In Tripsdrill und seiner Umgebung ist beides möglich

Einen vollen Tag sollte man sich zum Besuch des Erlebnisparks Tripsdrill schon vornehmen. Kinder und mit ihnen die ganze Familie wollen sehen, erleben und mitmachen, ohne Hast und ohne Streß. Das dem Park angeschlossene „Wildparadies Stromberg“ bietet überdies zwei Rundwege von einer bzw. zwei Stunden Wanderzeit. Und so bräuchte man eigentlich keine zusätzliche Wanderung. Und trotzdem gibt es auch hier einen Wandervorschlag. Es gibt nämlich auch Leute, die mit einem halben Tag im Park völlig zufrieden sind, oder solche, die zum zweiten Mal hinwollen, dabei aber noch etwas Neues sehen und erleben möchten. All diesen sei die Wanderung auf des Königs Spuren empfohlen.Ausgangspunkt dieser hübschen, nicht anstrengenden, aber sehr abwechslungsreichen Wanderung ist der *Waldparkplatz Krabbenberg*, der leicht zu finden ist:

Dort, wo von der Straße zwischen Freudental und Bönnigheim links die Straße in Richtung Tripsdrill abzweigt, ebenfalls auf der linken Seite.

Die **Wanderung auf des Königs Spuren** umfaßt die Stationen „Königssitz“, „Altertum“, Fischteiche, Stutendenkmal und – als freigestellter Abstecher – Schloß Freudental. Sie ist identisch mit dem unter dem Zeichen *Ziffer 6* ausgeschriebenen Rundweg und umfaßt eine Länge von 7 km, die beiden anderen übrigens 4 km und 10 km. Gerade die mittlere aber umfaßt das schönste, was man sich in dieser Gegend erwandern kann.

Vom Parkplatz wendet man sich erst nach rechts, gleich darauf nach links in den Seelesweg. Dem breiten, gekiesten Weg folgt man bis zum *Wanderparkplatz „Alfred-Amann-Weg“*, von dort dem gleichnamigen Weg nach links, an einer Schutzhütte vorbei, geradeaus in den Wald. Bereits hier beginnt ein *Waldlehrpfad*, der einen fast die ganze Wanderung begleiten wird. An einem Vesperplatz bei einer Weggabelung verläßt man kurzfristig den Hauptweg (Ziffer 6 seitlich, rechts an einem Baum). Nach einer zweiten, ebensolchen Abzweigung muß man, vorbei am gefaßten *Katzensteigbrunnen*, einen Waldweg relativ steil hinauf. Das aber ist dann bereits das anstrengendste Stück der Wanderung gewesen. Alles andere ist bequem zu gehen.

Oben angelangt, geht man nach rechts geradeaus weiter an der *Gaulshütte* vorbei, die früher den vierbeinigen Waldarbeitern Unterschlupf bot. Wer auch auf dieser Wanderung nicht aufs Grillen und Vespern unterwegs verzichten will, hat dazu wenig später an der **Pfeifferhütte** Gelegenheit. Sogar sie hat Geschichte! Bereits 1583 wurde sie als eine zum Schutz der Jagdgäste errichtete Hütte erwähnt; die derzeitige ist natürlich jünger, sie wurde 1953 errichtet.

Links geht es nun den *„Altertum-Weg"*. In rascher Folge führt er zum „Königssitz" (ca. 30 m Abstecher vom Weg aus) und zum „Altertum". Der **Königssitz** ist eine Nische in der Wegböschung, wo König Friedrich bei seinen Jagden mit seinen Begleitern auf einer halbkreisförmigen Bank aus Stubensandstein zu rasten pflegte. Das **„Altertum"** ist ein aus flachen Steinen aufgeschichteter Rundbau mit fünf Rundbogenöffnungen, ähnlich einem italienischen „Trullo". Hierher, zu diesem Jagdstand, ließ sich der König von den Berghängen herab Wild vor die Flinte treiben.

Unten im Tal schlägt man nach halbrechts nun den Freudentaler Weg ein und gelangt so an die **ehemaligen Fischteiche**. Der Weg führt auf einem der Wälle entlang, und obwohl sie inzwischen trocken und vom Wald in Beschlag genommen sind, sieht man noch gut ihre Größe und ihren Verlauf. Nachdem König Friedrich 1811 Freudental zu einem Sommer- und Jagdschloß hatte ausbauen lassen und sich bis 1816 jedes Jahr für mehrere Wochen darin aufhielt, waren zur Versorgung des Hofes in dieser Zeit unter anderem auch diese Teiche angelegt worden.

Kurze Zeit später ist der Waldrand erreicht, und auf einem asphaltierten Weg geht es nun auf das idyllisch hinter seinen Obstbäumen versteckte Freudental zu.

Den kleinen Ort **Freudental** hatte Wilhelmine von Grävenitz, die Mätresse Herzog Eberhard Ludwigs, gekauft und dort 1729 ein *Barockschloß* errichten lassen. Sie konnte sich nicht lange an ihrem Besitz freuen, denn zwei Jahre später bereits wurde sie verhaftet und nach Urach gebracht. Freudental kam 1732 an Württemberg, das das Schloß erst unter König Friedrich – und auch da nur kurz – noch einmal herrschaftlich nutzte. Seit 1961 ist das Alters- und Pflegeheim des Landkreises Ludwigsburg darin untergebracht.

Wer in Freudental nicht einkehren oder einen Blick auf das Schloß werfen will, kann sich den Weg dorthin ersparen und schon am Stutendenkmal nach links den Rückweg einschlagen.

Das **Stutendenkmal** erinnert an das Lieblingspferd König

Friedrichs, die Schimmelstute Helene, die stolze 27 Jahre alt aurde und die der Überlieferung nach sich jeweils auf die Knie gelassen haben soll, wenn ihr beleibter Herr auf- oder absteigen wollte.

Am Waldrand entlang führt der Weg weiter am **Judenfriedhof** vorbei. Die ersten jüdischen Familien hatten 1723 das Recht erkauft, hier zu siedeln; unter Wilhelmine von Grävenitz kamen weitere dazu. Bis zum Dritten Reich war stets ein Drittel der Bevölkerung Juden. Leicht hatten sie es nie. Unter König Friedrich mußte ihr erster Friedhof einer Fasanerie weichen, die er ausgerechnet an dieser Stelle anlegen wollte ...

Zunächst noch etwas am Waldrand entlang gelangt man bald auf einem angenehmen Weg zurück in den Wald und in kurzer Zeit zurück zum Ausgangspunkt.

Nur ein kurzes Stück noch ist es vom Wanderparkplatz vollends zum **"Erlebnispark Tripsdrill"** unterhalb des Michaelsbergs.

Karussellfahren so lange und so oft man will – diesen oft geäußerten Kinderwunsch kann man hier mit Hilfe des relativ preiswerten, pauschalen Erlebnispasses endlich einmal erfüllen. Auf dem Gelände des Parks gibt es über 50 Attraktionen. Die altbekannte *Altweibermühle*, die einmal der Anfang all dessen war, die verschiedensten Karussells und Bahnen laden zu mehr oder minder rasanten Fahrten ein, zum Beispiel in den *„Rasenden Tausendfüßler"*, die *„Wiege"*, in die *„Kaffeetasse"* oder in die eben erst neu hinzugekommenen *„Schlappen"* (einem anderen Wort für Schuhe). Gemächlicher geht es im *„Kinderland"* zu, wo die kleinsten Karussellfahrer zum Zuge kommen, zum Beispiel in der *„Moggelesbahn"*, bei der Enten-, Wasser- oder Oldtimerfahrt. Lehrreich und unterhaltsam sind *Vinarium* und *Trillarium*, wo lebensgroße Figuren den Weinbau vergangener Zeit, aber ebenso dörfliches Leben und Arbeiten veranschaulichen.

Für Kleine und Große, Junge und Alte gleichermaßen schön sind *Vogelwiese*, *Streichelzoo* und das in einiger Entfernung liegende (zu Fuß in 10 Minuten oder im Bähnchen zu bestimmten Zeiten zu erreichende) **„Wildparadies Stromberg"**. Die Tiere – Damwild, Auerochsen, Wildschweine und andere – laufen frei herum und dürfen – ausnahmsweise einmal gefüttert werden. *Zwei Rundwege*, auf befestigten Waldwegen von ca. einer bzw. zwei Stunden Wanderzeit, stehen zur Wahl. Vor den Toren des Wildparks gibt es eine *Grillstelle*, die kostenlos all denen zur Verfügung steht, die sich selbst verpflegen wollen; alle anderen finden unten am und im Park alles Notwendige, im *„Gasthaus zur Altweibermühle"* (täglich geöffnet) und an verschiedenen Kiosken. Für Wanderer wie auch für Leute, die direkt hierherfahren, empfiehlt sich übrigens auch der direkt an der Route liegende *Gasthof „Wolfsberg"* am Ortsende Freudentals (Montag, Dienstag Ruhetag; bei Feiertagen verschieben sich diese auf den jeweils nachfolgenden Tag).

▷ *Wie kommt man hin:*
A 81 Ausfahrt Ludwigsburg Nord über Bietigheim-Bissingen, Freudental, Landstraße Richtung Bönnigheim. An der Abzweigung links nach Tripsdrill liegt zugleich der Wanderparkplatz „Krabbenhau".

○ *Länge der Wanderung:*
„Auf des Königs Spuren": Auf der Rundwanderung „6" sind es 7 km (Wanderung und Spaziergang im Erlebnispark Tripsdrill und Wildparadies Stromberg nicht eingerechnet).

✻ Erlebnispark Tripsdrill

Auskünfte:	Telefon 0 71 35/40 81
Geöffnet:	Mitte März bis Mitte November, täglich 9.00 – 18.00 Uhr
Eintritt:	(Erlebnispaß für beliebig viele Fahrten) Kinder unter 3 Jahren frei, Kinder bis 12 Jahre Erlebnispaß plus Gutschein für ein lustiges Kinderglas DM 17,50 Erwachsene Erlebnispaß plus Gutschein für 1 Glas DM 19,50 Fahrt mit dem Bähnle zum Wildparadies (im Erlebnispaß im Gegensatz zum Eintritt dort nicht enthalten): Fahrpreise pro Person einfach DM 2,00, hin und zurück DM 3,50 Fahrtzeiten siehe besonderen Anschlag am Abfahrtspunkt.

▭ *Kartenempfehlung:* L 6920 Heilbronn 1 : 50 000

Wandern und Baden am Leineck-Stausee im Schwäbischen Wald

⓴

Badefreunde sind oft gespalten in eingefleischte Baggersee-Fans des ungechlorten Wassers und in überzeugte Freibad-Gänger, die die dort vorhandenen Einrichtungen schätzen. Am herrlich gelegenen Leineck-Stausee werden beide zufriedengestellt. Familien, die gerne wandern, haben zudem Gelegenheit zu einer wirklich hübschen und überhaupt nicht anstrengenden, auch nicht allzu langen Wanderung, und selbst Kulturbeflissene kommen nicht zu kurz: Sie können den Rückweg mit einem Besuch im Kloster verbinden!

Der **Leineck-Stausee** liegt in einer Senke unterhalb Pfahlbronns, einem Teilort von Alfdorf. Er wurde gebaut, um die Hochwassergefahr im Leintal zu beseitigen und die im mittleren Kochertal wenigstens zu vermindern.

Heute ist die 49 000 Quadratmeter große, bis zu 4 m tiefe Seefläche, die von Wiesen umgeben, in Wald eingebettet liegt, ein gut erschlossener Freizeitraum mit DLRG-Rettungsstation, mit Duschen, Toiletten und einem Kiosk. Mit festen oder motorgetriebenen Booten darf er nicht befahren werden, und unmittelbar an seiner Uferzone sind Fahrräder verboten. Dafür gibt es ausgedehnte Spielmöglichkeiten mit den verschiedensten Schaukeln und Wippen sowie einem Kickplatz. Rund um den See sind außerdem verschiedene Grillstellen eingerichtet, an denen aber nur Holzkohlefeuer erlaubt sind. Der *Gasthof „Seehof"* (Montag, Dienstag Ruhetag), von dessen Terrasse man einen hübschen Blick auf das sommerliche, bunte Treiben am See hat, bietet sich zur Kaffeepause an.

Vom östlichen Ende des Sees aus beginnt man die Wanderung der Markierung *Ziffer 2* nach, die durchs Leintal über den Eisenbachsee – einen zweiten, allerdings nicht ganz so familiengerechten Badesee – hinauf nach Rienharz und über Pfahlbronn zurück zum Leinecksee führt.

Der **Eisenbachsee** unterstützt die Funktion des Leinecksees in jeder Hinsicht. Seine Wasserfläche ist mit 16 500 Quadratmetern wesentlich kleiner, seine Tiefe beträgt maximal 3,50 m. Auch er ist Badesee mit DLRG-Station und Kiosk. Seine Ufer sind steiler und schmäler. Abgesehen davon, daß Kinder weniger Platz zum Spielen haben und Spielgeräte nicht vorhanden sind, ist vor allem ihre

Beaufsichtigung am Wasser nicht ganz so einfach, weshalb sich als Badeaufenthalt für Familien mit kleineren Kindern der Leinecksee besser eignet.

Wanderer gehen zunächst am rechten Ufer des Sees entlang, überqueren die Lein über ein Brückchen und gehen in den Wald hinein. Ein kurzes Stück nur, und man hat den Waldrand erreicht, an dem entlang man zunächst geradeaus weiterläuft. An der Wegkreuzung wendet man sich nach links, in Richtung **Rienharz** und durch dieses hindurch. Etwas abseits steht die *Kirche*. Trotz des Eternit-verkleideten (!) Turms lohnt sich der kleine Abstecher. Es handelt sich nämlich um die ehemals mittelalterliche, der heiligen Barbara (u. a. der Nothelferin bei Blitzgefahr) geweihten Kapelle, die samt dem Wetterglöckchen, das durch seinen Klang Wetterwolken vertreiben sollte, aus dem Jahr 1476 stammt.

Am Gasthof „Rössle“ (Montag Ruhetag) weist die *Ziffer 2* die Nußbaumstraße hinaus in *Richtung Rienharzer Sägemühle*. Ein schönes Stück Landschaftshochfläche aus Wiesen und Ackerland, in weitem Bogen von Wald umgeben, führt dorthin, wo sich nur noch ein paar Wohnhäuser befinden.

Von dort gelangt man über eine Brücke in den Wald, kurz darauf an eine Kreuzung. Hier gilt es aufpassen! Scharf nach rechts geht man auf dem ansteigenden Weg zum Waldrand und an diesem scharf links in *Richtung Pfahlbronn*. Erst hier, wo einem bereits der Pfahlbronner Wasserturm die Richtung weist und eigentlich nichts mehr schiefgehen kann, ist der Wegverlauf wieder gut markiert.

Pfahlbronn, das an Kirche und Rathaus vorbei durchquert wird, bietet verschiedene Einkehrmöglichkeiten. Zwei liegen direkt am Weg, der *Gasthof „Hirsch”* (Montag Ruhetag; kein Mittagstisch) und das *”Rössle”* (Dienstag Ruhetag). Dem Straßenschild Alfdorf nach verläßt man den Ort und erreicht das Zufahrtssträßchen zum Leinecksee, das man auf der Anfahrt zum See hinunter schon benutzt hat.

Da die Rückkehr nach Hause auf derselben Strecke wie die Anfahrt erfolgt, bietet es sich fast an, am **Kloster Lorch** noch einen kurzen Halt einzulegen. Der *römische Wachturm* vor dem Kloster soll daran erinnern, daß zur Zeit des Kaisers Antonius Pius (138 – 161 n. Chr.) hier am Klosterberg der rätische Limes, der von der Donau bis Lorch reichte, und der obergermanische Limes zusammentrafen, der sich von Lorch bis zum Rhein hinzog.

Kloster Lorch wurde von Herzog Friedrich I. von Schwaben als Grablege der Staufer gegründet, als solche jedoch nie genutzt. Seit dem Zweiten Weltkrieg ist in diesem ehemaligen Benediktiner-

Kloster ein Alten- und Pflegeheim untergebracht. Die Klosterkirche und das Museum aber sind öffentlich zugänglich.

▷ *Wie kommt man hin:*
B 29 Schorndorf bis Lorch, ab Lorch Richtung Alfdorf. Kurz vor Alfdorf links nach Pfahlbronn. Dort, noch vor den ersten Häusern, rechts über ein kleines Sträßchen zum Parkplatz Leineck-Stausee.

○ *Länge der Wanderung:* ca. 5 km

✻ Kloster Lorch, Klosterkirche und Museum

Geöffnet:	werktags	8.00 – 16.00 Uhr
	Sonntag	9.30 – 16.00 Uhr
	(bei Sommerzeit bis 17.00 Uhr)	
Eintritt:	Kinder DM 0,80, Erwachsene DM 1,00	

▭ *Kartenempfehlungen:*
RV 11476 Stuttgart und Umgebung 1 : 75 000 sowie L 7122 Backnang 1 : 50 000 und, weil angeschnitten, L 7124 Schwäbisch Gmünd 1 : 50 000

Von der „Motorkutsche“ zur Formel I: 21

Auf den Spuren Gottlieb Daimlers und seiner Erfindung

Wie schon die Überschrift verrät, enthält dieses Kapitel Ausflugstips für große und kleine Autofans, für mehrere Tage sogar. Die Spurensuche beginnt in Schorndorf, wo das Geburtshaus Gottlieb Daimlers steht, wo aber auch sonst einiges zu sehen ist. Sie geht weiter in Stuttgart-Bad Cannstatt zur ersten Werkstätte Daimlers, wo die erste „Motorkutsche“ erdacht und gebaut wurde, und endet in Stuttgart-Untertürkheim, wo ein Daimler-Museum ihre ganze Entwicklung bis hin zum Formel I-Rennwagen zeigt. Dabei darf natürlich auch der Vergleich mit der anderen Automarke nicht fehlen, die den Namen Stuttgarts weltbekannt gemacht hat: Mit einem Besuch im Porsche-Museum in Stuttgart-Zuffenhausen hat man am Ende in lockerer Form einen ebenso unterhaltsamen wie lehrreichen Einblick in die Geschichte des Automobils gewonnen.Obwohl, wie oben ausgeführt, das Auto „Hauptperson“ dieses Kapitels ist, sollte man es bei der ersten Station seiner Geschichte, dem Besuch in Schorndorf, gleich einmal zu Hause lassen. Nicht nur weil Schorndorf S-Bahn-Station und daher bequem mit öffentlichen Verkehrsmitteln zu erreichen ist. Ausschlaggebend für diesen Rat ist, daß man so Gelegenheit hat, eine Rarität unter den Lehrpfaden, den **Flußlehrpfad Remstalaue**, einzubeziehen. Er informiert auf 21 Tafeln über Tiere und Pflanzen in der Rems und ist schön zu gehen, obwohl er zugleich als Radweg ausgewiesen ist. Sein Anfang befindet sich an der Endersbacher Straße vor Beinstein, unterhalb der Remsbrücke beim historisch-romantischen Rialtobrückchen, über das noch vor knapp 20 Jahren der gesamte Verkehr geführt wurde. – Am besten, man nimmt für diesen Ausflug die günstige Familien-Tageskarte der VVS, verläßt die S-Bahn in *Stetten-Beinstein*, begeht den 1,2 km langen Lehrpfad und steigt in Weinstadt-Endersbach wieder zu, nun vollends bis Schorndorf.

Schorndorf ist eine reizende kleine Stadt. Im Jahre 1235 zum ersten Mal erwähnt, 1262 erstmals urkundlich als Stadt bezeichnet, hat sie eine bewegte und abwechslungsvolle Geschichte hinter sich. In den umliegenden Geschäften, Cafés und Gasthäusern und natürlich im Rathaus gibt es kostenlos die Broschüre „Schorndorf – Stadtrundgang“, anhand derer jeder auf eigene Faust alles erkun-

Der Marktplatz von Schorndorf

den kann. (Ein weiterer Tip: ebenfalls kostenlos gibt es im Rathaus das Faltblatt „Radfahren in Schorndorf", das zwei ausführliche Tourenvorschläge – 10 km und 13 km lang – für's Radeln rund um Schorndorf enthält.)

Schorndorfs berühmtester „Sohn" ist Gottlieb Daimler. In einer kleinen Gasse, nur wenige Meter links vom Daimler-Denkmal (an der Rückseite des Rathauses) steht das **Geburtshaus Gottlieb Daimlers**, wo er am 17. März 1834 als Zweitgeborener von vier Geschwistern einer Bäckersfamilie zur Welt kam. Die gute schulische Bildung, die ihm seine Eltern unter Opfern ermöglichten, war ihm eine gute Basis. In einer Lehre als Büchsenmacher, einem von seinem Vetter finanzierten Studium und mit Kenntnissen aus der Industriepraxis, die er sich als einfacher Arbeiter verschaffte, erwarb er sich das Wissen, das den Grundstein zu seiner späteren Karriere als Techniker und Industrieller legte. 1979 wurde sein Geburtshaus von der heutigen Firma Daimler Benz AG erworben, restauriert und als kleines Museum der Öffentlichkeit zugänglich gemacht.

Nächste Station ist die **Gottlieb-Daimler-Gedächtnisstätte** in Stuttgart-Bad Cannstatt. 1882 zog Daimler mit seiner Familie in eine dem Kurpark benachbarte Villa in der Taubenheimstraße: nach außerordentlichem, sowohl beruflichen wie wirtschaftlichem Erfolg. Schon bei der Auswahl seines Domizils war der Gedanke ausschlaggebend gewesen, nun Platz zu haben, um Versuche durchführen zu können zum revolutionären Plan einer Antriebskraft für alle nur denkbaren Zwecke bzw. Fahrzeuge der verschiedensten Art. Zusammen mit seinem langjährigen Mitarbeiter und Vertrauten, Wilhelm Maybach, machte er sich im Gartenhaus an die Arbeit. Bereits nach einem Jahr angestrengter Tätigkeit gelang ihnen der Bau eines kleinen Modellmotors, nach zweieinhalb Jahren hatten sie ihr Ziel erreicht und den ersten schnellaufenden Verbrennungsmotor konstruiert. 1885 meldete Daimler die Idee zu einem „Reitwagen“, dem späteren Motorrad, als Patent an. 1886 baute er den ersten Motor in eine Pferdekutsche ein. Daher die Bezeichnung „Motorkutsche“ ganz wörtlich zu nehmen, die das damit entstandene erste Automobil erhielt. Auch wurde es noch mittels einer Kurbel über die Deichsel gelenkt! Nahezu gleichzeitig entstand das erste Motorboot, das bei Versuchsfahrten auf dem Neckar nicht geringes Aufsehen erregte, weil es sich, anscheinend von unsichtbarer Kraft getrieben, so schnell bewegte. Nach Daimlers Tod erwarb die Stadt Stuttgart das Anwesen, um es in den Cannstatter Kurpark einzubeziehen. Die Herstellung des Originalzustands der Werkstatt erfolgte 1983/1984. Seitdem ist sie wieder öffentlich zugänglich.

Am interessantesten ist zweifelsohne das **Daimler-Benz-Museum** in Stuttgart-Untertürkheim. Bei Tor I wartet ein Pendelbus, der Besucher durch das Werksgelände bis zum Museum bringt, wo auf drei Etagen in einer modernen, abwechslungsreichen Museumslandschaft – samt Café und Museumsshop – mehr als 100 Fahrzeuge aus allen Automobilepochen ausgestellt sind.

Blick ins Auto-Museum

Vom oben erwähnten „Reitwagen", dessen Sitz tatsächlich einem Sattel nachgebildet ist, und der „Motorkutsche", die sich erst ab 1902 zum Auto im heutigen Sinne wandelte, über die Traumwagen, vor allem der dreißiger Jahre, bis hin zum heutigen Mercedes 190. Auch Rennwagen, Schienenfahrzeuge, Boote und Motoren sind zu sehen. Rennkino, Multi-Media-Show ergänzen die beim Rundgang gewonnenen Eindrücke und machen die Entwicklung des Autos von den Anfängen bis zur Gegenwart nachvollziehbar.

Wer die neu gewonnenen Kenntnisse in Sachen Auto vertiefen und ergänzen will, sollte nicht versäumen, sich auch das **Porsche-Museum** in Stuttgart-Zuffenhausen anzusehen.

Nahezu 50 Exponate – Serienfahrzeuge, Rennwagen, Prototypen – geben einen Überblick über die Entwicklung der zu jeder Zeit wunderschönen Modelle dieser exklusiven Automarke.

✻ Daimler-Geburtshaus in Schorndorf
Auskünfte: Telefon 07 11/1 76 77 25 oder 0 71 81/6 65 10
Auskünfte zu Schorndorf selbst unter
Telefon 0 71 81/60 20

▷ *Wie kommt man hin:*
Per S-Bahn: S 2
Per Auto: über die B 29 Richtung Schwäbisch Gmünd
Geöffnet: Dienstag und Donnerstag 14.00 – 16.30 Uhr
Eintritt: frei

✻ Daimler-Gedächtnisstätte in Stuttgart-Bad Cannstatt, Kurpark Nähe Kursaal

▷ *Wie kommt man hin:*
er Auto, per Straßenbahn (Linie 2, Haltestelle Kursaal) zum Kurpark; 50 m rechts vom Kursaal findet sich die Gedächtnisstätte.

Auskünfte:	Telefon 07 11/17-25 78	
Geöffnet:	Dienstag bis Sonntag	10.00 – 16.00 Uhr
	Feiertag geschlossen	
Eintritt:	frei	

✻ Mercedes-Benz-Museum in Stuttgart-Untertürkheim

▷ *Wie kommt man hin:*
Per Auto: zum Neckarstadion, Parkmöglichkeiten auf dem Besucherparkplatz vor Tor I (Cannstatter Tor)
Per S-Bahn: vom Hauptbahnhof aus, S-Bahn S 1 Richtung Plochingen bis Haltestelle Neckarstadion, bis Tor 1 (siehe oben)

Auskünfte:	Telefon 07 11/17-2 32 56	
Geöffnet:	Dienstag bis Sonntag	9.00 – 17.00 Uhr
	montags und feiertags geschlossen.	
Eintritt:	frei (Gruppen bitte anmelden)	

✻ Porsche-Museum in Stuttgart-Zuffenhausen

▷ *Wie kommt man hin:*
Per Auto: A 81 Ausfahrt Zuffenhausen, oder von Stuttgart-Zentrum über Heilbronner Straße B 27/B 10 Richtung Zuffenhausen sowie Schwieberdinger Straße, Kreuzung Strohgäustraße/Porschestraße.
Per S-Bahn: S 6 Richtung Weil der Stadt, Haltestelle Neuwirtshaus.
Per Bus: Linie 52,90 und 99 Haltestelle Porsche

Auskünfte:	Telefon 07 11/8 27-56 85	
Geöffnet:	Montag bis Freitag (nur an Werktagen!)	9.00 – 16.00 Uhr
	Samstag, Sonn- und Feiertag	10.00 – 16.00 Uhr
Eintritt:	frei	

▭ *Kartenempfehlungen:*
RV 11476 Stuttgart und Umgebung 1 : 75 000
L 7122 Backnang 1 : 50 000 (zeigt Lehrpfadverlauf)

Zum Drachentreff am Rotenberg ㉒

Drachen steigen lassen, das ist im Herbst nichts Besonderes. Überall sieht man dann Kinder und Junggebliebene, die ihre gekauften oder selbstgebauten Flieger an den Start bringen.

Am Rotenberg, genauer auf der Egelseer Heide, ist das anders. Hier ist ein Eldorado für eingefleischte Fans jeden Alters, die sich nicht an dafür vorgesehene Zeiten binden lassen. Selbst Februar oder März, wenn andere sich kaum vor die Haustür wagen, ist für sie nicht minder Saison.

Und was man da alles sieht! Drachen mit zwei Schnüren, die herrlich Loopings drehen, was einiges Geschick erfordert, sind durchaus die Regel. Toll sind auch mehrere hintereinander geschaltete Drachen, die sich oft abenteuerlich am Himmel ausnehmen.

Allein die Drachen wären also schon Grund genug, einmal hierherzukommen. Berg und Ort Rotenberg sind gut zu erreichen und außerdem ideal als Ausgangspunkt verschiedener, schöner und bequemer Wanderungen auf guten Wegen zwischen Rebhängen und Obstwiesen. Vor allem wenn man mit öffentlichen Verkehrsmitteln hierher kommt und also nicht an den Ausgangspunkt zurück muß, kann man herrliche Streckenwanderungen jeder Länge unternehmen. Zum Beispiel kann man über Uhlbach nach Untertürkheim wandern und dies vielleicht mit einem Besuch im Daimler-Museum (siehe Kapitel 19) verbinden. Oder über die Egelseer Heide und den Kernen nach Fellbach. Oder über Katharinenlinde bis nach Esslingen. Eben so weit die Füße tragen.

Eine schöne Sache ist es auch, wenn man zunächst mit der Straßenbahn und dann mit dem Bus in den Ort Rotenberg fährt. Hier sollte man unbedingt einen Abstecher zur **Grabkapelle** machen: denn wenigstens einmal sollte man schon hier gewesen sein, wo einst die Stammburg des Hauses Württemberg stand, zumal man von hier aus nach allen Seiten einen schönen Blick hat. Diese Stammburg war 1083 vollendet gewesen und blieb nach der Verlegung der Residenz des Grafen Eberhards nach Stuttgart jahrhundertelang noch beliebtes Ausflugsziel des Hofes. Erst als 1819 Königin Katharina, die Frau König Wilhelms I., überraschend starb und dort begraben werden wollte, wurde die alte Stammburg geschleift und zu Ehren der Königin das Mausoleum in Form eines griechischen Kreuzes (ihrer beibehaltenen griechisch-orthodoxen Religion wegen) errichtet. Ein Modell der ehemaligen Stammburg ist im Erdgeschoß der geweihten Kapelle zu sehen; die Marmorsarkophage des königlichen Paares sowie ihrer Tochter Marie stehen im Untergeschoß.

Nach dem lohnenden Abstecher hier herauf geht man zurück, am *„Museum zur Heimatgeschichte von Rotenberg-Untertürkheims"* vorbei, die Stettener Straße durch Rotenberg hindurch bis zur **Egelseer Heide**. Nicht nur Drachen kann man dort steigen lassen, sondern auch picknicken und spielen. Verschiedene Spielgeräte und Schaukeln gehören zu diesem weitläufigen Rastplatz ebenso wie vier Feuerstellen und mehrere Vesperplätze mit Tischen und Bänken.

Wie eingangs schon gesagt, ist dies zugleich der Ausgangspunkt für zahlreiche Wandermöglichkeiten. Wer nicht so weit gehen will, ist gut beraten, in weitem Bogen durch Rebhänge den kurzen Weg nach **Uhlbach** hinunterzugehen. Uhlbach, im alten Kern noch immer dörflich-idyllisch, mit hübsch renoviertem Dorfplatz und Einkehrmöglichkeiten, lohnt in jedem Fall einen Besuch. Ohne auf Wegzeichen achten zu müssen, gelangt man fast zwangsläufig an die ehemalige, den Platz beherrschende Kelter. Heute ist sie *Weinbaumuseum*. Von historischen Trinkgefäßen über große Weinfässer bis zu Weinpressen ist einiges zu sehen. Den Großen sei zugeflüstert, daß es auch eine Probierstube mit heimischen Weinen gibt . . .

▷ *Wie kommt man hin?*
Nach Rotenberg mit der S-Bahnlinie S 1 bis Bahnhof Untertürkheim, dann mit den Straßenbahnlinien 4 oder 13 bis Haltestelle Wunderstraße, von dort mit Buslinie 61 zur Endhaltestelle.
Von Uhlbach nach Untertürkheim mit der Buslinie 62.

○ *Länge des beschriebenen Spaziergangs:* 4,5 km

✻ Grabkapelle Rotenberg

Auskünfte:	Telefon 07 11/33 71 49	
Geöffnet:	1. März bis 21. Oktober	
	Dienstag – Sonntag	10.00 – 12.00 Uhr
	und	13.00 – 17.00 Uhr
Eintritt:	Kinder und Jugendliche DM 1,00	
	(unter 6 Jahren frei)	
	Erwachsene DM 2,00	

✻ Weinbaumuseum Uhlbach

Auskünfte:	Telefon 07 11/2 16-28 57	
Geöffnet:	April bis Oktober	
	Samstag	14.00 – 18.00 Uhr
	Sonn- und Feiertag	10.00 – 12.00 Uhr
	und	14.00 – 18.00 Uhr
Eintritt:	frei	

Mit der S-Bahn ins Mittelalter

23

Ein etwas anderer Stadtrundgang durch Esslingen

Nur 20 S-Bahn-Minuten von Stuttgart entfernt, sind Spuren des Mittelalters noch lebendige Wirklichkeit. Esslingen, eine ungemein reizvolle Stadt, verfügt nicht nur über ein erstaunlich geschlossenes Stadtbild an hübsch renovierten Häusern, auch die Burg thront nach wie vor imposant und mächtig über der Stadt. Sicher, die meisten werden Esslingen kennen, aber wer bewußt mit offenen Augen unterwegs ist, dem bringt auch dieser Besuch noch Neues, zumal er auf Kinder und das, was sie an Esslingen interessieren könnte, abgestimmt ist.

Vom Bahnhof kommend, beginnt ein solcher Rundgang in der Bahnhofstraße und führt zunächst geradeaus zum **Schelztorturm**. einem der drei noch stehenden Tortürme. Seine rund 700 Jahre (1286 erbaut) sieht man ihm nicht an, und neuerdings ziert ihn sogar Kunst. Im Sockelgeschoß befindet sich eine Galerie; oben, auf einem ins Leere ragenden Balken scheint – aus der Ferne täuschend echt – ein Mann zu balancieren.

Über die Agnesbrücke erreicht man nun den **Marktplatz**. Ihn begrenzt die Stadtkirche St. Dionys mit ihrem Turmpaar, das wegen früherer Senkungen des Grunds durch eine Brücke verbunden und durch starke Strebepfeiler gesichert und stabilisiert wurde. Der Stadtkirche gegenüber steht das imposante „Kielmeyer'sche“ Haus, Teil eines früheren Klosters, das einst den ganzen Marktplatz einnahm. Der heutige Marktplatz ist übrigens vollkommen unterkellert: Unter ihm reift der Sekt der Firma Kessler, der ältesten deutschen Sektkellerei.

Rechts schließt sich an den Marktplatz der **Rathausplatz** an mit dem alten Rathaus und dem gegenüberliegenden neuen Rathaus, das aus dem 18. Jahrhundert stammt. Das alte, um 1420 errichtete Rathaus wurde vom Stuttgarter Hofbaumeister Heinrich Schikkardt Ende des 16. Jahrhunderts im Stil der Renaissance umgebaut; sein schönes Glockenspiel wurde erst 1926 anläßlich einer umfassenden Renovierung installiert. Täglich um 8.00 Uhr, 12.00 Uhr, 15.00 Uhr, 18.00 Uhr und 19.30 Uhr ist es zu hören. Rund 170 Lieder, je nach Anlaß oder Jahreszeit, umfaßt sein Repertoire. Faszinierender noch als das Glockenspiel ist für die meisten die *astronomische Uhr* von 1592: beim Stundenschlag bewegt der Reichsadler die Flügel, Justitia (die Gerechtigkeit) und Temperen-

Der Schelztorturm

tia (die Mäßigkeit) bewegen sich bei den Viertelstundenschlägen; die Wochentags-Figuren ziehen nach dem 12-Uhr-Schlag mittags ihre Bahn.

Gegenüber, beim neuen Rathaus, findet sich die Unterführung, durch die man gefahrlos auf die andere Straßenseite in die verwinkelte *Beutau-Vorstadt*, eine der frühen Stadterweiterungen Esslingens, gelangt. Hier, kurz vor dem schon aus dem 15. Jahrhundert stammenden Gasthof Rose, zweigt nach rechts die *Burgstaffel* ab. Um Esslingen wirklich kennenzulernen, muß man die Burg auf diesem Weg erobert haben. Rechts bieten sich hübsche Ausblicke über den Weinberg hinweg in die Stadt, so daß man die unzähligen (wer zählt sie?) Stäffelchen kaum bemerkt.

Diese **Burg** war nie Herrensitz. Es war auch nie eine Burg im eigentlichen Sinne. Von Anfang an hatten die ab dem 13. Jahrhundert errichteten starken Mauern lediglich die Aufgabe, als Teil der mittelalterlichen Stadtbefestigung die Stadt besonders im Norden gegen einen Angriff vom Berg her zu schützen. Das so entstandene Mauerwerk erhielt wohl erst als eine Art Spitznamen die noch heute geläufige Bezeichnung Burg. Mit ihren Resten von Wehrgängen, Türmen, ihren Mauern und Mauerdurchblicken bietet sie allerlei Überraschungen. Parkartig neu geordnet, gliedert sie sich in einen äußeren und einen inneren Bezirk. Der innere umfaßt den Kanonenbuckel mit seinen Kanonen, das Restaurant „Dicker Turm“ (Montag Ruhetag) und die familiärere, aber genauso schöne „Burgschenke“ (Montag Ruhetag). Der äußere Burgbereich zeichnet sich vor allem durch einen attraktiven und großzügig angelegten *Spielplatz* aus. Im Zentrum liegt ein herrlicher Spielbereich mit Tunnelgang, Palisaden und Brückchen; eine Burg in der Burg. Nach außen hin schließen sich Zonen an, in denen die Interessen der Kleinsten mit Sandkasten und Karussell und die der Größeren mit Kickplatz und Tischtennisplatten berücksichtigt werden.

Ist alles ausgekundschaftet und genug gespielt, geht man erneut abwärts: diesmal über die *Burgsteige*, die am dicken Turm beginnt und diagonal durch den Weinberg zurück zur Stadt führt. An ihrem unteren Ende liegt der sogenannte *Kaisheimer Pfleghof*. Die Pfleghöfe – in Esslingen gab es 9 an der Zahl – „pflegten“ übrigens nicht etwa bedürftige Bürger, sondern, indem sie Abgaben eintrieben, den Wohlstand ihrer jeweiligen Besitzer, in diesem Fall den des Zisterzienserklosters Kailsheim bei Donauwörth, das in Esslingen seit 1275 Güter besaß.

Wieder durch die zuvor benutzte Unterführung kehrt man zum Rathausplatz zurück, geht links am alten Rathaus vorbei und biegt dann halblinks zum *Hafenmarkt* ab. Die Häuser rechts in diesem Gäßchen sollen die älteste, zusammenhängende Fachwerkhäuserzeile Deutschlands darstellen. Frontal geht man dann auf das älteste Haus Esslingens zu, einen vollständig erhaltenen Geschlechterturm aus dem 13. Jahrhundert, der heute das *Stadtmuseum* beherbergt.

Nach dem diagonal durchquerten Hafenmarkt geht man die Strohstraße nach rechts ein kurzes Stück hinunter, bis links die

Franziskanergasse abzweigt. Geradeaus, an schön restaurierten Häusern vorbei, gelangt man so zur Straße „Im Heppächer", von dort rechts hinunter bis zum **Wolfstor**, auch Obertor oder Esslinger Tor genannt. Es ist der älteste, noch erhaltene Torturm der Stadt. Wer an der Außenseite hochblickt, erkennt die Tiere jedoch zweifelsfrei als Löwen. Des Rätsels Lösung ist einfach. Das Tor trägt seinen Namen nach seinem Torhüter Wolf, die beiden Löwen dagegen erinnern an die einstigen Stadtherren, die Staufer, deren Wappentiere sie waren.

Über die Küferstraße und die Ritterstraße gelangt man am Amtsgericht vorbei, rechts hinauf, direkt zum **Postmichelbrunnen**. Die vier Reliefs der Beckeneinfassung zeigen Stationen der 1844 von einem Eltinger Pfarrer ersonnenen Legende, wie der Postmichel den Ring eines Ermordeten findet (1), diesen zeigt und dadurch in Verdacht gerät (2), enthauptet wird (3) und dem wirklichen Mörder, Kopf unterm Arm, erscheint (4). Links geht es nun in die *„Innere Brücke"*, eine Fußgängerzone. Von dort sieht man links hinunter auf die **Maille**, zwischen Wehr- und Roßnekkar gelegen, die ihren Namen vom ritterlichen Bal-Maille-Spiel ableitet, das hier einmal ausgetragen wurde. Heute ist es ein Stadtpark mit alten Bäumen, Bänken und einem Spielplatz für die Kleinsten. Weiter geht es nun nicht an den Brückenhäuschen vorbei zur Pliensau, dem unteren Teil der Fußgängerzone, sondern schon etwas früher, zwischen Haushaltwarengeschäft und Buchhandlung, rechts ein paar Staffeln hinunter auf den Kesselwasen. Ihn gilt es zu überqueren, rechts in ein kleines Gässchen einzubiegen, und man steht vor etwas, das man in Esslingen nie und nimmer erwartet hätte: riesigen, laufenden Wasserrädern, die noch voll funktionieren und den im Gebäude darüber liegenden katholischen Kindergarten noch heute mit Strom versorgen. Geht man nun über den kleinen Steg weiter, hat man den Blick frei auf das, was auch als Klein-Venedig Esslingens bekannt ist. Fast ist nun auch das Ende dieses Stadtrundgangs erreicht. Nur noch das sogenannte Schleifbergle hinauf, ein relativ steiles, gepflastertes Sträßchen zur Stadtkirche hin, das am **Archiv** vorbeiführt. Das Archiv, das mit seinen über 8000 Pergamenten als das größte Stadtarchiv Württembergs gilt, ist die letzte Station. Wer jetzt vielleicht erst so richtig neugierig geworden ist, mehr Details, Daten und Fakten wissen will, sei auf die regelmäßig stattfindenden, kostenlosen Führungen hingewiesen, die jeden Sonntag um 11.00 Uhr vom Treffpunkt Altes Rathaus losgehen.

Für Eltern und Kinder dürfte übrigens das **Merkelsche Schwimmbad** Esslingens von Interesse sein. Den Winter über (von Oktober bis März) bis die Freibadsaison beginnt, gibt es einen (jeweils zu erfragenden) Spielenachmittag, an dem – zum regulären Eintrittspreis – für spannende Unterhaltung gesorgt wird, unter anderem auch mit Autoschlauchrennen, Tauchspielen oder Geschicklichkeitsschwimmen. Im badeeigenen Partyraum besteht zudem die Möglichkeit, herrliche Kindergeburtstage zu feiern, wozu die Schwimmeister gerne viele lustige Ideen für Wasserspiele in den Becken beisteuern.

Vom Bahnhofsplatz aus fährt die Buslinie 108 zum **Jägerhaus**. Bei diesem voll erschlossenen Naherholungsgebiet am Schurwaldrand kann auf eine Musterwanderung verzichtet werden. Trimm- und Lehrpfade ebenso wie Rundwanderungen jeglicher Länge nehmen hier ihren Ausgang. Alle Arten von Vereinen haben hier ihren Sitz, daneben solche, die für Kinder immer von besonderem Interesse sind: Reitverein und Segelflugplatz. Auch an Gastronomie fehlt es nicht. Es sei noch darauf hingewiesen, daß in den meisten Vereinsheimen ebenfalls die Bewirtung von Gästen vorgesehen ist und diese wegen der hier meist vorhandenen Spielmöglichkeiten für Kinder vielleicht sogar geeigneter sind.

▷ *Wie kommt man hin?*
per S-Bahn: Linie S 1
per Auto: über die B 10

○ *Länge des Stadtrundgangs*: ca. 3,5 km

✻ Merkelsches Bad, Mühlstr. 6 (mitten in der Obertor-Vorstadt; Verlängerung der Maille stadtauswärts; 5 Gehminuten ab Spielplatz-Maille)

Auskünfte:	Telefon 07 11/35 98 03	
Geöffnet:	Montag	10.00 – 20.00 Uhr
	Dienstag bis Freitag	8.00 – 20.00 Uhr
	Samstag	8.00 – 17.00 Uhr
	Sonntag	8.00 – 13.00 Uhr
	(während der Schulferien erweiterte Badezeiten, Aufenthaltsdauer unbegrenzt)	
Eintritt:	(Auszug, Einzelkarte)	
	Erwachsene DM 4,00	
	Kinder DM 2,50	
	Kindergeburtstage DM 50,00 + Eintritt der Gäste (Das Geburtstagskind und seine Eltern sind frei.)	

▭ *Kartenempfehlung:*
Beliebiger Stadtplan Esslingens. Eine ausreichende Skizze in „Esslingen am Neckar. Übersichtlich“ ist kostenlos über die Stadtinformation, Marktplatz 16, Telefon 07 11/35 12-4 41 bzw. -6 45 zu beziehen.

Wer wagt eine Schurwald-querung? 24

Auf ganzer Breite von Plochingen nach Winterbach

Wer wagt eine Schurwaldquerung? Ein bißchen Pioniergeist und Ausdauer gehören schon dazu. Aber lange nicht so viel, wie man im ersten Moment glauben möchte. Der zu rund 65 Prozent bewaldete Schurwald erstreckt sich zwischen der Rems im Norden und dem Neckar und der Fils im Süden. Von den Rändern her angenagt und stark zertalt, zieht sich der Höhenrücken vom Kappelberg als westlichem Endpunkt her 30 km ostwärts bis zur Landstraße von Göppingen nach Lorch und ist durchschnittlich 10 km breit. Rund 16 km Wanderstrecke, also etwa 4 Stunden reine Wanderzeit, sind für die leicht diagonal verlaufende Querung dieses Berglands zu veranschlagen. Das einzig Anstrengende ist der Anstieg von Plochingen hoch zum Stumpenhof. Dann geht es fast eben bis zum Abstieg nach Winterbach. Und die Wanderung selbst ist wunderschön. Doch einmal begonnen, muß man durchhalten. Es sei denn, man würde in Hohengehren abbrechen und von dort mit dem Bus nach Esslingen zurückkehren. Einkehrmöglichkeiten gibt es – abgesehen vom Stumpenhof und Hohengehren – keine. Wenn man dies berücksichtigt und sich darauf einstellt, ist es eine herrliche Unternehmung für einen schönen Sonntag.

Von Plochingen aus, das im Zentrum teilweise hübsche Fachwerkhäuser hat, erreicht man den **Stumpenhof**, einen neueren Ortsteil Plochingens, ohne Anstrengung über Bahnhofstraße, Brühlstraße, Stückelbergweg und Werrenweg. Geheimtip: es verkehrt auch eine Buslinie hinauf, so daß man sich diesen Weg unter Umständen auch ersparen kann.

Oben sollte man sich den Blick vom 12,5 m hohen Aussichtsturm über das Neckartal gönnen. Es ist der sogenannte Jubiläumsturm zum 50jährigen Bestehen des 1888 in Plochingen gegründeten Schwäbischen Albvereins. Wer sich im voraus noch stärken will, hat ausreichend Gelegenheit dazu. Vom Café bis zum Restaurant ist alles vertreten.

Die eigentliche Wanderung beginnt nun hinter diesem Turm in Richtung Wald am Waldfriedhof. Gut sichtbar ist als Zeichen ein *blaues Kreuz* angebracht, das nun längere Zeit als Markierung dient. Ein geschotterter, bequemer Weg, wenig später „Oberer Balkeshauweg“ genannt, führt durch den Wald. Buchen-, Tannen-

und Mischwald wechseln sich immer wieder ab, bis man die Straße zwischen Esslingen und Schorndorf erreicht und überquert. Weg und Zeichen führen noch immer geradeaus. Nach etwa 500 m jedoch heißt es aufpassen. An dieser Weggabelung geht es links, noch dem blauen Kreuz nach, nach ca. 50 m gilt es, rechts dem *roten Strich* nach in Richtung Hohengehren abzubiegen. Daß man in ihm den Radweg „Saisleshauweg“ begangen hat, erfährt man erst an seinem Ende, an der querenden Straße von Aichschieß nach Plochingen.

Nach Hohengehren, unserem Etappenziel, sind es von hier aus 4,7 km. Das hält selbst der hungrigste Magen aus! Auch verlaufen kann man sich nicht. Immer dem roten Strich nach geht man auf dem Hauptweg weiter, der auch als „Esslinger Weg“ oder „Reitweg“ bezeichnet wird. Links lichtet sich stellenweise der Wald und man sieht zu den Weilern Aichschieß und Krummhardt hinüber und auf der gegenüberliegenden Höhe sogar bis Rohrbronn auf der anderen Seite des Remstals.

Nach einiger Zeit schieben sich zwei kleine Teiche ins Blickfeld, die nicht zufällig hier mitten im Wald anzutreffen sind. Sie gehörten – darüber informiert auch eine Tafel am Wegesrand – ursprünglich zu einem hübschen Jagdschlößchen, das einstmals Mittelpunkt des von König Friedrich I. benutzten, erweiterten und von einer zwei Meter hohen Mauer umgebenen Schwarzwildparks war. Nach Aufhebung des Wildparks verkaufte Wilhelm I. das Schlößchen 1839 an Altbach. Die Altbacher waren nicht dumm, sie trugen es Stein für Stein ab und bauten es in Altbach genauso wieder auf. Bis 1975 diente es ihnen als Rathaus und ist noch heute dort in alter Schönheit zu bewundern. Sein einstiger Standort im Wald aber hat nach seinem Namen im Volksmund noch heute den Flurnamen **Schlößlesplatz**. Mit seiner Weymutskiefer und dem Mammutbaum, der wie viele andere den Zuchtversuchen Wilhelms I. entstammt, der diese Holzart im Ländle anzusiedeln versuchte, ist dies ein Ort, der sich für eine Rast geradezu anbietet.

Geht man schließlich geradeaus weiter, kommt man frontal auf das eine erhalten gebliebene der beiden Parkhäuser zu, aus denen ein wachsames Auge auf den Besitz des Königs geworfen wurde. Wer um seine frühere Funktion nicht weiß, könnte das „Parkhaus“ ebensogut für ein altes Forsthaus halten. Heute ist es privat genutzt und der Öffentlichkeit nicht zugänglich.

Über das freie Feld kommt man nun auf **Hohengehren** zu, eine zu Baltmannsweiler gehörende Ortschaft inmitten ausgedehnter Obstbaumwiesen. Links sieht man Manolzweiler liegen, rechts Thomashardt, kenntlich an seinem Wasserturm. Der Weg endet an der gleichnamigen Hauptstraße, auf der man fast den ganzen Ort durchquert. Direkt am Weg liegen zwei Einkehrmöglichkeiten, der Gasthof-Metzgerei „Hirsch“ (Dienstag Ruhetag) und die Pizzeria „Waldhorn“ (durchgehend geöffnet).

Zu der Ortsmitte wechselt das Zeichen. Von nun an heißt es eine Zeitlang dem *blauen Punkt* in Richtung Winterbach zu folgen. Am Ortsende Hohengehren geht man halbrechts (der blaue Punkt ist etwas versteckt an einem Strommasten angebracht) an den letzten Häusern entlang ins Freie, geradewegs auf den Wasserturm von Schlichten zu, der allein mitten im Wald zu stehen scheint. An der Weggabelung hält man sich links, um auf den Haubersolweg zu kommen.

Tiefer im Wald zweigt nach einiger Zeit der Punkt nach links ab, Wanderer nach Winterbach bleiben jedoch auf dem nun unbezeichneten Hauptweg bis zur querenden Straße, wo man ein letztes Mal auf ein neues Zeichen zu achten hat: den *blauen Strich*, mit dem man vollends ganz nach Winterbach hineingelangt. Schon von der Straße an geht es, erst langsam, dann steiler bergab bis zum Lehnenbach, der sich in idyllisch schönen Schleifen durchs Tal schlängelt. Eine der schönsten Abschnitte der Wanderung ist die Strecke am Bach entlang, am gefaßten Saarbrunnen vorbei bis zum **Winterbacher Stausee** und zu der benachbarten **Freizeitanlage „Hinterer Stein”**. Diese bietet neben einer gemauerten Feuerstelle ausgedehnte Spielmöglichkeiten auf den Wiesen, auf dem Spielplatz im Wald, am gefaßten Teich oder den kleineren Zuläufen des Stausees. Im Winterbacher Stausee, den hauptsächlich der Lehnenbach füllt, darf man sogar baden. Baden kann man aber auch, sogar noch besser und schöner, im nur wenig entfernten, neu errichteten **Freibad** Winterbachs. Auf dem Gelände des Bads gibt es übrigens ebenfalls eine Grillstelle sowie einen Spielplatz. Es lohnt daher in jedem Falle, die Wanderung an einem dieser beiden Orte ausklingen zu lassen.

Winterbach, und damit letztlich die S-Bahn-Station, ist schnell vollends erreicht. Ein bißchen Zeit sollte man allerdings dem Ort selbst gönnen. **Winterbach** ist nämlich die älteste Ortschaft im mittleren Remstal. Schon 1086 wurde sie erstmals urkundlich erwähnt. Schmucke Fachwerkhäuser am Marktplatz und vor allem die erhöht liegende, ummauerte, reingotische Wehrkirche (von 1309) verdienen Aufmerksamkeit. Und wer den Tag mit einer Einkehr abschließen will, findet hier reiche Auswahl. Man sieht, eine Schurwaldquerung ist nicht nur eine machbare, sondern auch überaus schöne und lohnende, eine rundum runde Sache. Wer wagt's?

Blick auf Winterbach

▷ *Wie kommt man hin:*
Mit der S-Bahn S 1 Endstation Plochingen, zurück mit der S-Bahn S 2 (ab Winterbach).

○ *Länge der Wanderung:* ca. 16 km

✻ Aussichtsturm Stumpenhof
Geöffnet: Sonn- und Feiertag ganztägig, werktags Turmschlüssel während der Geschäftszeiten bei der Filiale der Volksbank, Teckplatz 2, zu haben.
Eintritt: Kinder DM 0,30, Erwachsene DM 0,50

✻ Freibad Winterbach
Geöffnet: Während der Saison 9.00 – 20.00 Uhr
Eintritt: (Auszug, Einzelkarte)
Kinder DM 2,00, Erwachsene DM 3,50

▭ *Kartenempfehlung:*
L 7322 Göppingen 1 : 50 000
RV 11476 Stuttgart und Umgebung 1 : 75 000

Wer die Wahl hat, hat die Qual ㉕

Freizeitangebote zwischen Göppingen und den Kaiserbergen

Natur, Kultur und Freizeitangebote laden zwischen Göppingen und den Kaiserbergen in so großer Zahl und Vielfalt ein, daß es schwerfällt, hier eine Auswahl zu treffen. So entstand, gewissermaßen als Kompromiß, die folgende große Rundtour mit Schwerpunkt allerdings auf die Staufer, denn schließlich ist man ja im „Stauferkreis". Natürlich kann eine Familie an einem einzigen Tag nicht alles besichtigen, alles „mitnehmen". Aber Geschmäcker sind verschieden und jede kann nach ihren Interessen individuell Schwerpunkte setzen.

Ausgangs- und Endpunkt der Tour ist Göppingen. Das erste Etappenziel der Rundreise, *Wäschenbeuren*, erreicht man auf der B 297. Weitere zwei Kilometer nördlich von Wäschenbeuren liegt Wäscherhof mit dem **Wäscherschloß**, der am besten erhaltenen Burganlage des Stauferlandes aus der ersten Hälfte des 13. Jahrhunderts. Hier wohnten die Herren von Büren, die Ahnherren der Staufer bis zur Errichtung der Burg auf dem Hohenstaufen. Das Schloßmuseum enthält viel Interessantes und Wissenswertes zur Geschichte der Staufer, aber auch Jagdwaffen und Trophäen sowie bäuerliche Arbeitsgeräte und Hausrat aus der Umgebung.

Direkt am Schloß befindet sich ein Wanderparkplatz mit Grillstelle. Er ist Ausgangspunkt für die ganze Gebiet erschließenden Rundwanderungen um den Hohenstaufen von 3,5 bis 8 km Länge, die natürlich untereinander kombinierbar sind. Einkehrmöglichkeit besteht im „Gasthof am Wäscherhof" (Mittwoch Ruhetag).

Nächste Station ist, wie könnte es anders sein, der **Hohenstaufen** mit seinen Mauerresten und der zu Göppingen gehörigen gleichnamigen Ortschaft an seinen Hängen. Hier stand einst die Stammburg der Staufer, die sich zum bedeutendsten Geschlecht deutscher und europäischer Geschichte zwischen dem 11. und 13. Jahrhundert entwickelten. Reste der freigelegten, teilweise später ergänzten Grundmauern lassen heute wieder die wichtigsten Grundelemente der Burg erkennen. Mitten im Palas, dem Wohntrakt, steht übrigens eine Grillstelle. Faszinierend zu jeder Jahreszeit ist die Aussicht, die man von diesem einsam aufragenden Bergkegel hat. Zwei Panoramatafeln geben Orientierungshilfen.

Bei sehr klarem Wetter reicht der Blick bis hin zu den Allgäuer und Vorarlberger Alpen. Dabei ist die unmittelbare Umgebung und das Albrandgebiet an sich schon beeindruckend genug, vor allem wenn man daran denkt, daß diese vor vielen Jahrmillionen aus Ablagerungen des früheren Jurameeres entstanden sind. So etwas weckt Lust zum Wandern, vielleicht gleich von der Burg aus, wo ebenfalls verschiedene der schon oben erwähnten, ausgeschilderten Rundwanderungen vorbeiführen.

Am Fuß des westlichsten der drei der Schwäbischen Alb vorgelagerten sogenannten Kaiserberge (Hohenstaufen, Rechberg und Stuifen) gibt es seit 1977 einen **„Dokumentationsraum für Staufische Geschichte"**. In ihm wird die Geschichte des Berges als Stammsitz und die Gestaltung der Burg im Verlauf der Zeiten belegt. Sehr eindrücklich kann man die Bedeutung des hier entstandenen kulturellen Einflusses an inzwischen weltbekannten Staufischen Skulpturen messen, von denen eine Anzahl als Kopie vorhanden sind.

Im Ort gibt es zudem eine reichliche Auswahl an Gaststätten, oben einen Kiosk mit kleiner Terrasse.

Die nächste Station, über Maitis und Reitprechts zu erreichen, ist der **Rechberg**, der als mittlerer der Kaiserberge mit dem Hohenstaufen durch den Assrücken verbunden ist. Die Rechbergkuppe ist zweigeteilt. Auf dem hohen Rechberg-Kirchberg ist die sehenswerte, barocke Wallfahrtskirche St. Maria (und als Einkehrmöglichkeit das „Haus Hohenrechberg"; Montag Ruhetag) gelegen. Parallel zum Kreuzweg verlaufen die letzten Stationen eines geologischen Lehrpfads, der am Wanderparkplatz Hölltal bei Schwäbisch Gemünd beginnt und hier endet. (Eine Broschüre, in der alles ausführlich beschrieben ist, gibt es im Buchhandel).

Westlich davon, rund 60 m tiefer, liegt die Burgruine Rechberg mit ihrem guterhaltenem romanisch-gotischen Mauerwerk. Zur Stauferzeit stellte die seit 1179 nachweisbare Familie von Rechberg die Marschälle des Herzogtums Schwaben. 1865 erst wurde die Burg durch Blitzschlag zerstört. Nun hat sie einen neuen Besitzer, der sie in den kommenden Jahren wieder ganz nach ihrem damaligen Umfang und Aussehen aufbauen will. Dem Publikum bleibt sie wohl die ganze Zeit über weitgehend zugänglich, ebenso die Burgschänke.

Der Ort Rechberg, der zahlreiche Einkehrmöglichkeiten bereithält, ist übrigens auch mit öffentlichen Verkehrsmitteln zu erreichen: von Schwäbisch Gmünd aus, mit der Buslinie 4 (Haltestelle Rechberg-Schulhaus). Autofahrern stehen am Fuß des Berges Parkplätze zur Verfügung. Zur Burg gelangt man in 10 – 15 Minuten auf Fußwegen.

Nicht weit, allerdings nur im Auto, ist es vom Rechberg aus zum **Freizeitpark Schurrenhof**. Von den Parkplätzen unter der Burg zurück in den Ort nach rechts in Richtung Donzdorf geht es nach ca. 50 m wieder rechts, bereits dem Wegweiser „Schurrenhof" nach, der auf die Hochfläche des Rehgebirges führt. Auch für alle diejenigen, die gleich nach Göppingen weiter wollen, empfiehlt sich dieses ausgesprochen schöne Stück Landschaft als Route. Wer Kaffee trinken will und/oder mit kleineren Kindern unterwegs ist, kommt hier im im Freizeitpark Schurrenhof auf seine Kosten, und zwar in jeder Hinsicht. Hier können Kinder Pony-Reiten, Minigolf spielen, verschiedene Karussellchen fahren oder Kinder-Autoscooter und, was manche vielleicht am meisten reizt, eine Rundfahrt mit der Schlumpf-Eisenbahn durchs Land der Schlümpfe machen. Die Schurrenhof-Gaststätte wartet übrigens nicht nur mit Kaffee und Kuchen, sondern auch mit einer reichhaltigen Speisekarte auf (Dienstag Ruhetag). Zwischen Campingplatz und Reitplatz liegt außerdem als weitere Einkehrmöglichkeit die Höhengaststätte Schurrenhof (Montag Ruhetag).

Anschließend geht es bergab über Reichenbach zurück nach Göppingen, vorbei am Schloß Ramsberg, wo Trakehner-Pferde gezüchtet werden, und an der Ruine Staufeneck, durch Saalach und Eislingen. **Göppingen** wurde 261 n. Chr. von einem Alemannenführer namens Geppo gegründet und die Siedlung nach ihm Geppingen genannt, aus dem das spätere Göppingen wurde. Die Endung -ingen an Ortsnamen läßt übrigens immer darauf schließen, daß es sich um sehr alte Siedlungen handelt. Friedrich II. von Hohenstaufen baute Göppingen zu einer mauerumwehrten Stadt aus. Zwei Brände in den Jahren 1425 und 1782 legten die Stadt in Schutt und Asche. Trotzdem blieben einige historisch bedeutsame Gebäude erhalten.

Eines davon ist der *Storchen*. Eigentlich war das hübsche Haus als Stadtschloß der Reichsfreiherren von Liebenstein errichtet worden, beherbergte dann im letzten Jahrhundert eine Weinwirtschaft, von der es seinen Namen „Storchen" erhalten und bis heute, nun **städtisches Museum**, bewahrt hat. Es ist ein wirklich schönes Museum mit sehenswerten Stücken und origineller Gestaltung. So bittet man zum Beispiel ausdrücklich darum, Schranktüren zu öffnen, weil das Schrankinnere die übrigen Ausstellungsflächen ergänzt. Am schönsten ist jedoch die Spielzeugsammlung. Traumhaft schöne Puppenhäuser und Puppenküchen (die ältesten von 1895), Ställe, Gespanne, Puppen und Blechspielzeug. sind hier zu bewundern. Es wäre schade, sich das entgehen zu lassen!

Spielzeugfreunde sind in Göppingen sowieso an der richtigen

Puppenhaus aus der Jahrhundertwende

Adresse. Denn hier gibt es schließlich auch noch das **Märklin-Museum**. Nicht nur Kinder, sondern Modelleisenbahner jeden Alters werden hier begeistert sein. Es wird nämlich nicht nur ein Querschnitt aus mehr als 125 Jahren Firmengeschichte gezeigt, es darf auch gespielt werden. Und als besondere Attraktion gibt es jedes Jahr einen Museumswagen, ein Modell in den Spurbreiten H0 und Z, den es nur hier, in der Holzheimer Straße zu kaufen gibt. Über die Herstellung der Wagen kann man sich übrigens im angegliederten Kino in einem Farbfilm auch genauer informieren.

Trotz aller Begeisterung sollte man jedoch nicht versäumen, wenn man schon einmal hier draußen ist, die **Mooreichensamm-**

lung auf dem Betriebsgelände der Sägerei Weber anzusehen. Sie umfaßt Baumstämme und Wurzelstöcke, die in der Zeit von etwa 6000 v. Chr. bis 500 n. Chr. in den Kiesen der Donauniederung östlich von Ulm eingelagert worden sind. Auch wer außerhalb der Öffnungszeiten kommt, muß nicht enttäuscht sein: Vor dem Tor liegt eine imposant anzusehende Eiche, die nach 1500jähriger Lagerung in diesen Schottern entdeckt, ausgebaggert und geborgen wurde. Dies als letzter Tip der damit abgeschlossenen Rundtour, auf der doch eigentlich jeder etwas für sich gefunden haben sollte!

▷ *Wie kommt man hin:*
Von Stuttgart, Esslingen aus über die B 10; nach Göppingen selbst auch gute Zugverbindungen!

○ *Wanderungen*
Ideale Wandermöglichkeiten im Gebiet um den Hohenstaufen. Alle Wanderparkplätze zeigen dieselbe Tafel mit 14 Rundwanderungen von 3,5 bis 8 km Länge.
Auskünfte: Der schematisierte Routenverlauf der Tafeln ist auch als Faltblatt beim Verkehrsamt Göppingen (Marktstraße 2, Telefon 0 71 61/65 02 95 erhältlich); ebenso das Faltblatt „Radeltouren auf Stauferspuren", das zwei (60 und 55 km lange) Radtouren beschreibt (siehe auch Kartenempfehlung: Radkarte).

✻ Wäscherschloß

Auskünfte:	Telefon 0 71 72/62 32	
Geöffnet:	Mitte April bis Ende Oktober	
	Dienstag, Donnerstag,	
	Freitag und Samstag	10.30 – 12.00 Uhr
	und	13.30 – 16.00 Uhr
	Sonntag	10.30 – 16.00 Uhr
Eintritt:	Kinder DM 1,00, Erwachsene DM 2,00	
	Gruppen ab 10 Personen DM 1,50 pro Person	

✻ Dokumentationsraum für Staufische Geschichte am Hohenstaufen in Göppingen-Hohenstaufen

Auskünfte:	Telefon 0 71 61/65 04 24	
Geöffnet:	Mitte März bis Mitte November	
	täglich	8.30 – 12.00 Uhr
	und	14.00 – 17.00 Uhr
Eintritt:	frei	

* Rechberg Burgruine

Auskünfte:	Telefon 0 71 71/4 34 19	
Geöffnet:	Samstag bis Donnerstag	
	April	10.00 – 19.00 Uhr
	Mai bis September	10.00 – 21.00 Uhr
	Oktober	10.00 – 17.00 Uhr
	(Freitag geschlossen außer an Feiertagen) bei größeren Gruppen Sonderöffnungszeiten möglich	
Eintritt:	Kinder (3 – 14 Jahre) DM 1,00, Erwachsene DM 2,00	

* Freizeitpark Schurrenhof (Verschiedene Veranstalter!)

Ponyreiten (geführt am Reitplatz)

Auskünfte: (Anmeldung) Telefon 0 71 65/81 90
Samstag/Sonntag ab 14.00 Uhr, in Ferienzeiten täglich, außer Montag ab 14.00 Uhr, jeweils ohne Anmeldung

Kosten: DM 2,00 (für zwei Runden) Ausritte (für Reitkundige auf Anmeldung) DM 15,00/Stunde

Minigolf

Auskünfte: auch über die folgenden Möglichkeiten
Telefon 0 71 65/7 94

Eintritt: Kinder bis 14 Jahre DM 3,00,
Erwachsene DM 4,00

Autoscooter und Seilbahn (beides nur für Kinder)

Eintritt: jeweils DM 1,00

Schlumpfeisenbahn

Eintritt: Kinder DM 1,00, Erwachsene DM 2,00

* Städtisches Museum im Storchen, Göppingen (Stadtmitte), Wühlestraße 36

Auskünfte:	Telefon 0 71 61/65 04 27	
Geöffnet:	Dienstag bis Freitag	14.00 – 17.00 Uhr
Samstag, Sonntag,		
Feiertag		10.00 – 12.00 Uhr
und		14.00 – 17.00 Uhr
(Montag geschlossen)		
Eintritt:	frei	

✻ Märklinmuseum, Holzheimer Straße 8
(im Industriegebiet Ost an der Ausfahrt B 10 Richtung Stuttgart)
Vom Bahnhof aus zu Fuß in ca. 20 Minuten oder mit dem Bus Linie 33 bis Haltestelle Heininger Straße, Firma Weber.

Auskünfte:	Telefon 0 71 61/60 82 89	
Geöffnet:	Montag bis Freitag	
	(außer an Feiertagen)	9.00 – 12.00 Uhr
	und	13.00 – 16.30 Uhr
	Juli und August	
	Samstag	9.00 – 14.00 Uhr
Eintritt:	frei	

✻ Mooreichensammlung
auf dem Betriebsgelände der Firma Weber, Heininger Straße 20
Wie kommt man hin: siehe oben

Auskünfte:	Telefon 0 71 61/6 00 20	
Geöffnet:	Montag – Freitag	8.00 – 12.00 Uhr
	und	13.15 – 16.30 Uhr
	(Freitag bis 15.15 Uhr)	
Eintritt:	frei	

□ *Kartenempfehlungen:*
RV 11476 Stuttgart und Umgebung 1 : 75 000
L 7324 Geislingen a. d. Steige 1 : 50 000, dazu die Radwanderkarte Landkreis Göppingen 1 : 50 000 (im Buchhandel erhältlich)

Kennen Sie unser Wanderbuch „Mit Kindern im Nordschwarzwald"?

In 25 Kapiteln hat darin Birgit Mayer Vorschläge für Familien mit Kindern gemacht, die den Nordschwarzwald kennenlernen und auf den Spuren von Flößern, Waldbauern und Rittersleuten wandern wollen. Die Sehenswürdigkeiten werden kurz geschildert, aber auch Rastplätze mit Feuerstellen, Einkehrmöglichkeiten und natürlich Kinderspielplätze werden erwähnt, damit Eltern und Kinder auf ihre Kosten kommen.
Birgit Mayer, Mit Kindern im Nordschwarzwald. DM 19,80

Kennen Sie auch unser Wanderbuch "Mit Kindern auf der Alb?"

Die Schwäbische Alb mit ihren Höhlen, Felsen, erloschenen Vulkanen, Karstquellen, Wacholderheiden und Spielplätzen bietet ideale Möglichkeiten, die Entdeckerfreude und Abenteuerlust von Kindern zu befriedigen.
Mit Pferd und Wagen durch das Lautertal, Höhlenwanderungen, Besuche von Bergwerken und Burgruinen sind nur einige Unternehmungen, die Gertrud Braune in diesem Wanderführer vorschlägt.
Die insgesamt 30 Ausflugsziele bieten eine Fülle von Möglichkeiten, die die Schwäbische Alb nicht nur für Kinder zum Erlebnis werden läßt.
Getrud Braune: Mit Kindern auf der Alb. DM 19,80